Die Wissenschaft der Selbstdisziplin:
Willenskraft, mentale Stärke und Selbstbeherrschung, um Versuchungen zu widerstehen und Ihre Ziele zu erreichen

Von Peter Hollins,
Autor und Rechercheur bei
petehollins.com

Inhaltsverzeichnis

EINFÜHRUNG — 9

KAPITEL 1. DIE BIOLOGISCHE GRUNDLAGE DER SELBSTDISZIPLIN — 15

DIE BIOLOGISCHE GRUNDLAGE DER SELBSTDISZIPLIN — 18
KONZENTRATION UND EXEKUTIVFUNKTIONEN — 26
WILLENSKRAFT-MÜDIGKEIT — 31

KAPITEL 2. WAS DRÜCKT IHRE KNÖPFE? — 43

ENTDECKUNG DER MOTIVATION — 45
EXTRINSISCHE VERSUS INTRINSISCHE MOTIVATION — 53
ARISTOTELES' THEORIE DER MOTIVATION — 58

KAPITEL 3. DISZIPLINIERUNGSTAKTIKEN DER NAVY SEALS — 67

DIE 40%-REGEL — 68
ERREGUNGSKONTROLLE — 78
GRÖSSERE ZIELE GLEICH BESSERE ERGEBNISSE? — 82
DIE 10-MINUTEN-REGEL — 87

KAPITEL 4. DIAGNOSE VON DISZIPLINARMÄNGELN — 95

SYNDROM DER FALSCHEN HOFFNUNG — 96
PROKRASTINATION VERSUS DISZIPLIN — 102
VERMEIDEN SIE RATIONALISIERUNGEN — 108
PARKINSONSCHES GESETZ — 112

KAPITEL 5. DEN „UNBEQUEMEN MUSKEL" ANSPANNEN 119

DRANG-SURFEN 121
FÜTTERN SIE UNGEWOLLT IHRE TRIEBE? 127
ÜBEN SIE UNBEHAGEN 133

KAPITEL 6. SCHAFFUNG EINES DISZIPLINIERTEN UMFELDS 141

MINIMIERUNG VON ABLENKUNGEN 143
DOPAMIN REGULIEREN 149
STANDARDMÄSSIG POSITIVE HANDLUNGEN UND VERHALTENSWEISEN 156

KAPITEL 7. DIE BEZIEHUNGEN, DIE UNSERE WILLENSKRAFT BESTIMMEN 165

INVESTIEREN SIE IN IHR NETZWERK 169
RECHENSCHAFTSPFLICHTIGE PARTNER 173
DER HAWTHORNE-EFFEKT 180
VORBILDER 183

KAPITEL 8. WARUM SIE IMMER ZUERST IHR GEMÜSE ESSEN SOLLTEN 189

DAS STANFORD-MARSHMALLOW-EXPERIMENT 190
HANDLE IM NAMEN DEINES ZUKÜNFTIGEN SELBST 196
DIE 10-10-10-REGEL 204

KAPITEL 9. SCHNELL! LESEN SIE DIES IM FALL EINER VERSUCHUNG! 213

KAPITEL 10. EINSTELLUNG UND HERANGEHENSWEISE SIND ALLES 233

GESCHENKTER-FORTSCHRITT-EFFEKT 234
NÄHE DES ZIELS 238
ÜBERLEGEN SIE, WIE IHRE HANDLUNGEN ANDEREN ZUGUTEKOMMEN KÖNNEN 241
OPTIMISTISCH DENKEN 244
DENKEN SIE IN BEGRIFFEN DES AUFWANDS 248

KAPITEL 11. AUFBAU VON ROUTINEN UND GEWOHNHEITEN FÜR ULTIMATIVE SELBSTDISZIPLIN 255

MOTIVATION IST NICHT VON DAUER 256
DIE BILDUNG VON GEWOHNHEITEN BRAUCHT ZEIT 259
WARTEN SIE NICHT DARAUF, DASS ES SICH „RICHTIG ANFÜHLT" 264
DAS MODELL DER SECHS QUELLEN DES EINFLUSSES 267

Einführung

Als ich jünger war, wurde ich wegen meines Gewichts gemobbt.

Diese Geschichte kommt Ihnen vielleicht bekannt vor, aber meine ist ein bisschen anders, weil ich ständig gehänselt wurde, weil ich so dünn wie ein Pfahl war. Einmal, als wir einen starken Sturm hatten, verließen meine Füße wegen des Windes buchstäblich den Boden.

Bohnenstange, Feder, Strichmännchen, Gerippe, Skelett, Boneboy. Das waren nur einige der Spitznamen, die mir zugeworfen wurden, und zum Glück blieb keiner von ihnen länger als ein paar Tage bestehen. Ich dachte, wenn ich auf die Universität gehe, würden die Hänseleien aufhören, denn wir waren keine Kinder mehr, sondern richtige Erwachsene, die ihr eigenes Leben führten. Diese Behauptung ist in mehrfacher Hinsicht falsch, aber was für diese Geschichte am wichtigsten ist: Die Hänseleien wurden nur noch schlimmer. Ich hatte das Ego des durchschnittlichen achtzehn- bis zweiundzwanzigjährigen Mannes schwer unterschätzt.

So verbrachte ich mein erstes Jahr an der Universität damit, viele der Spitznamen zu hören, die ich seit meiner Jugend kannte. Sie hatten sich seitdem nicht wirklich weiterentwickelt. Als ich in meinem zweiten Studienjahr in das Studentenwohnheim zog, hatte ich das Glück, dass mir zufällig ein ehemaliger Fußballspieler als Mitbewohner zugewiesen wurde. Dieser Mitbewohner, Mike, wurde später ein ziemlich erfolgreicher Personal Trainer, was für die Geschichte relevant ist, denn ich glaube, ich war sein erstes Versuchskaninchen. Ich sagte ihm, ich wolle zunehmen und nicht mehr gehänselt werden, und er machte es sich in jenem Jahr zum Ziel, meinen Wunsch in die Tat umzusetzen.

Mike und ich entdeckten, dass ich einfach nicht genug aß, selbst wenn ich dachte, ich hätte mich an einem Tag dreimal vollgefressen. Wir verfolgten die Kalorienzufuhr genau und fanden heraus, dass ich im Durchschnitt 1.000 Kalorien pro Tag mehr brauchte, um schnell, aber gesund zuzunehmen. Wenn Sie sich fragen, wo die Selbstdisziplin in der Geschichte auftaucht, dann genau hier. Im Gegensatz zu vielen Menschen, die mit ihrem Gewicht zu kämpfen haben, musste ich mich disziplinieren, fünf Mal am Tag nach Plan zu essen. Ja, für einige von Ihnen klingt das wie ein Hirngespinst. Aber für jeden, der dünn ist und versucht, Gewicht zuzulegen, ist es genauso ein Albtraum wie nur eine Mahlzeit am Tag essen zu können. Es ist eine wahre Qual, sich mehrmals am Tag bis zum Überdruss vollzustopfen, um dann am nächsten Tag und am übernächsten Tag dasselbe zu tun.

Ohne Mike hätte ich wahrscheinlich schon nach der ersten Woche aufgegeben. Zu meinem Glück hatten wir die meisten Kurse gemeinsam, und er war mein ständiger Begleiter, der mich ans Essen erinnerte, mich fragte, wie viel ich an diesem Tag gegessen hatte, und mich sogar zum Eis eingeladen hat, wenn ich noch Kalorien brauchte. Damals wusste ich es noch nicht, aber ich hatte mir ein Umfeld geschaffen, das mich zur Selbstdisziplin zwang. Wann immer ich sie nicht aufbrachte, hatte ich Mike, der mich anspornte und mich genau daran erinnerte, wofür ich so hart gearbeitet hatte.

Zwei Monate später hatte ich elf Pfund zugenommen. Mein Weg dauerte noch Jahre, aber dies war meine erste Einführung in die bewusste Ausübung von Selbstdisziplin. Ich sah, wohin sie mich führen konnte, und ich sehe jetzt, dass sie bei allem, was wir tun, eine notwendige Eigenschaft ist. Welches Ziel man auch immer erreichen möchte, auf dem Weg dorthin gibt es Unannehmlichkeiten. Die Selbstdisziplin treibt einen durch diese Unannehmlichkeiten hindurch und ermöglicht es einem, etwas zu erreichen. Sie ist ein wesentlicher Bestandteil der Kompetenz, und ohne sie wurde nie etwas Großes erreicht.

Aber Selbstdisziplin lebt nicht in einem Vakuum. Oft haben wir die besten Absichten, lassen uns dann aber von einem glänzenden Gegenstand oder einem süßen Welpen ablenken. Einfach nur mit den Zähnen knirschen und die Sache durchzuziehen ist nicht immer genug. In diesem Buch zeige ich Ihnen, wie Sie Ihr Grundniveau an Selbstdisziplin erhöhen und wie Sie Ihr Leben so gestalten können, dass Sie nicht bei jeder Gelegenheit Selbstdisziplin brauchen.

Vielleicht haben Sie wie ich Glück und leben bereits in der Nähe von jemandem, der Ihren Sinn für Disziplin durchsetzt, ob Sie es wollen oder nicht. Aber wenn nicht, gibt es unzählige Möglichkeiten, Ihr Leben entschlossen in die Hand zu nehmen und Ihren eigensinnigen Impulsen und Ablenkungen zu widerstehen. Selbstdisziplin ist nicht nur das Ziel, sondern auch der Weg dorthin.

Kapitel 1. Die biologische Grundlage der Selbstdisziplin

Der bekannte Autor und Redner Jim Rohn sagte einmal: „Wir alle müssen eines von zwei Dingen erleiden: den Schmerz der Disziplin oder den Schmerz des Bedauerns." Im Laufe Ihres Lebens haben Sie die Wahl, wie Sie leiden. Möchten Sie sich lieber durch die Unannehmlichkeiten quälen, die es mit sich bringt, Ihre Willenskraft und Ihr Verhalten auf lohnende Ziele auszurichten, oder möchten

Sie den Schmerz ertragen, wenn Träume unerfüllt bleiben, weil Sie sich für momentanen Hedonismus statt für Zurückhaltung entschieden haben? Disziplin ist in der Regel das, was Sie von dem abhält, was Sie wirklich wollen. Sie zu praktizieren bedeutet, ein gewisses Maß an Schmerz zu ertragen. Gleiches gilt aber auch dafür, die Folgen eines Lebens ohne Disziplin zu erleiden.

Selbstdisziplin und Willenskraft erfordern die Fähigkeit, schwierige oder unangenehme Dinge zu tun, weil diese Dinge langfristig besser für Ihr Wohlbefinden sind. Das könnte bedeuten, früh aufzustehen, um Sport zu treiben, obwohl Sie lieber die Schlummertaste drücken würden, oder vielleicht der Versuchung eines zuckerhaltigen Snacks zu widerstehen, von dem Sie wissen, dass er eine Stunde später zu einem Energieabsturz führen wird. Was auch immer Sie tun müssen, um Ihre Ziele zu erreichen und sich selbst zu verwirklichen, Disziplin ist eine entscheidende Fähigkeit in diesem Prozess. Auf der anderen Seite ist ein Leben ohne Disziplin zwangsläufig ein Leben voller

Bedauern, denn nichts, was Sie tun, wird jemals Früchte tragen.

In diesem Buch geht es darum, Selbstdisziplin und Willenskraft als unbewusste Gewohnheit zu verankern, um sicherzustellen, dass Sie Ihre Ziele konsequent erreichen und ohne Reue leben können. Morgens fünf Minuten früher aufzustehen mag im Alltag nicht viel bedeuten, aber es kann sehr wohl einen großen kumulativen Effekt haben, der Sie auf den Weg des Erfolgs führt.

Aber niemand beginnt sein Leben mit der Kraft der Selbstdisziplin, die in jeder Situation konsequent praktiziert wird. Als Kinder werden wir mit dem Bedürfnis geboren, einfach zu tun, was wir wollen, sobald wir den Wunsch danach verspüren. Zu Beginn unseres Lebens haben wir noch keine Vorstellung davon, wie man Befriedigung aufschiebt, um langfristige Ziele zu erreichen. Selbstdisziplin ist also keine unveränderliche Eigenschaft wie die Augenfarbe, die das ganze Leben lang gleich bleibt, sondern eher ein Muskel, der entweder abgebaut oder aufgebaut werden kann, je nachdem, wie man ihn trainiert. So wie ein Sportler sich vor einem Rennen aufwärmt und seine Muskeln dehnt, ist Selbstdisziplin eine Eigenschaft, die man trainieren muss.

Die biologische Grundlage der Selbstdisziplin

Zunächst ist es wichtig zu verstehen, wie sich Selbstdisziplin biologisch manifestiert. Ohne zu verstehen, was diese Eigenschaft aus neurologischer Sicht hervorruft, abschwächt oder stärkt, können wir sie nicht fördern. Das wäre so, als würde man versuchen, eine Krankheit zu behandeln, ohne zu verstehen, was sie verursacht hat. Die physischen Ursprünge komplexer Verhaltensweisen im Gehirn zu ergründen, ist ein schwieriger und andauernder Prozess für Neurowissenschaftler und Psychologen. Die Worte „Impulsivität" und „Willenskraft" sind nicht an bestimmten Stellen in unserem Gehirn eingraviert, und es gibt auch keinen einfachen chemischen Trick, um diese Funktionen nachhaltig zu verändern.

Man schätzt, dass ein durchschnittliches menschliches Gehirn etwa 100 Milliarden

Neuronen hat - die winzigen Zellen, aus denen die Schaltkreise unseres Gehirns bestehen, die unsere Gedanken und Verhaltensweisen erzeugen. Das entspricht in etwa der Anzahl der Sterne in der Milchstraße, und so ist es nicht verwunderlich, dass die Wissenschaftler gerade erst begonnen haben, die Verbindungen zwischen den Neuronen und deren Auswirkungen zu verstehen. Mit Hilfe fortschrittlicher Technologien, insbesondere wenn es um die Visualisierung von Gehirnstruktur und -funktion geht, haben jüngste Experimente begonnen, einige Hinweise auf das Innenleben unseres Geistes zu liefern.

Im Jahr 2009 untersuchten Todd Hare und Colin Camerer mit Hilfe von funktionellen Magnetresonanztomographen (fMRT) die Gehirnaktivität, die stattfindet, wenn Menschen bestimmte Aufgaben erfüllen, die Elemente von Disziplin und Selbstkontrolle erfordern. In ihrer Studie mussten sich die Teilnehmer entscheiden, ob sie eine große Geldbelohnung in der Zukunft oder eine kleinere Belohnung sofort annehmen wollten - der klassische Kampf zwischen aufgeschobener

Belohnung und Willenskraft. Mittels fMRT konnten die Forscher eine erhöhte Aktivität in einer Hirnregion namens *ventraler medialer präfrontaler Cortex* feststellen, während die Teilnehmer mit der Aufgabe beschäftigt waren, was darauf hindeutet, dass die genannte Hirnregion an der Ausübung von Selbstkontrolle und Disziplin beteiligt ist.

Der *dorsolaterale präfrontale Cortex - eine weitere* Region des Entscheidungszentrums im Gehirn - spielt ebenfalls eine Rolle, wenn wir unsere zukünftigen und unmittelbaren Optionen abwägen. Es bestand ein Zusammenhang zwischen einer höheren Aktivität in dieser Region und der Wahl von Optionen, die bessere langfristige Folgen hatten - zum Beispiel eine größere, aber spätere finanzielle Belohnung oder ein gesünderes, aber weniger appetitliches Lebensmittel.

Diese fMRT-Studien zeigen, dass die Fähigkeit, langfristig gesündere Entscheidungen zu treffen und sich selbst zu disziplinieren, manchen Menschen aufgrund der Aktivität und Struktur ihres präfrontalen Cortex leichter fällt als anderen. Mit anderen Worten: Die Forscher konnten buchstäblich die Bereiche des Gehirns identifizieren, die für Disziplin verantwortlich sind.

Warum ist das wichtig? Wegen des Konzepts der Neuroplastizität. Neuroplastizität ist die Fähigkeit des Gehirns, ständig neue synaptische Verbindungen zu bilden und zu reorganisieren, d. h. die Verknüpfungen zwischen einzelnen Neuronen. Je häufiger eine bestimmte Verbindung genutzt wird, desto stärker wird sie und desto leichter fällt es der Person, diesen Pfad in Zukunft zu aktivieren. Stellen Sie sich das wie eine Straße vor, die Sie jeden Tag von zu Hause zur Arbeit und umgekehrt nehmen. Je öfter Sie diese Straße nehmen, desto mehr wird es für Sie zur Selbstverständlichkeit, sie zu begehen, bis Sie sie schließlich ohne bewusstes Nachdenken erfolgreich bewältigen können.

Das Gleiche gilt für die synaptischen Verbindungen, die für Disziplin verantwortlich sind. Je mehr Sie diese Bahnen aktivieren, indem Sie Selbstdisziplin üben, desto leichter wird es

Ihnen in Zukunft fallen, sich selbst zu beherrschen, weil Ihr Gehirn darauf vorbereitet ist, diese Verknüpfung in alltäglichen Situationen zu nutzen.

Der Ausdruck „sich in Selbstbeherrschung üben" ist daher der richtige Ansatz, über diese Fähigkeit nachzudenken, angesichts von Versuchungen diszipliniert zu sein, denn diese Fähigkeit kann aufgebaut werden, wenn Sie sie konsequent trainieren, indem Sie gesündere Entscheidungen treffen. Andererseits kann sie aber auch abgebaut werden, wenn man ständig ungesunden Verlockungen nachgibt. Das Maß an Selbstbeherrschung, das jemand besitzt, ist also alles andere als statisch. Wenn Sie zu den Menschen gehören, die nie die Donuts im Pausenraum des Büros ablehnen können, denen es schwer fällt, eine konsequente Sportroutine aufrechtzuerhalten, oder die einfach nur schlechte Angewohnheiten aufgeben oder sich gute Angewohnheiten aneignen wollen, dann ist dies eine erfrischende Nachricht. Sie sind nicht zu einem Leben als Sklave Ihres Vergnügungsdrangs und Ihres Bedürfnisses nach sofortiger Befriedigung verdammt. Mit den richtigen Techniken und konsequenter Übung können Sie sich in der Kunst der Selbstdisziplin verbessern.

In einer umfassenden Diskussion über Selbstkontrolle darf das berühmte Stanford Marshmallow Experiment nicht fehlen. In dieser Studie ließen die Forscher Kinder wählen zwischen dem Verzehr eines Marshmallows jetzt und dem Warten auf den Prüfer, der zurückkommt und dann zwei Marshmallows bekommt - mit anderen Worten, die Forschung testete die Fähigkeit der Kinder, die Belohnung aufzuschieben.

Im Jahr 2011 untersuchte ein vierzehnköpfiges Forscherteam mit Hilfe der Bildgebung des Gehirns erneut Freiwillige, die als Kinder an dem genannten Experiment teilgenommen hatten. Die Forscher fanden heraus, dass diejenigen, die in der ursprünglichen Stanford-Studie in der Lage waren, die Belohnung hinauszuzögern, in der Mitte ihres Lebens aktivere präfrontale Cortexe sowie wichtige Unterschiede im ventralen Striatum (einer Gehirnregion, die mit Süchten in Verbindung gebracht wird) aufwiesen, als sie versuchten,

Selbstkontrolle auszuüben, während sie zu ungesunden Entscheidungen verleitet wurden. Außerdem waren sie bei fast allen konventionellen Messungen durchweg erfolgreicher. Die Ergebnisse zeigen also, dass die biologischen Unterschiede zwischen denjenigen, die in der Lage waren, die Belohnung hinauszuzögern, und denjenigen, denen dies nicht gelang, anfangs gering waren, sich aber in späteren Jahren als signifikant erwiesen.

Angesichts unseres immer noch begrenzten Verständnisses des menschlichen Gehirns ist es unmöglich zu sagen, wie viel von Ihrer Selbstdisziplin durch eine genetische Veranlagung und wie viel durch Ihr Umfeld und Ihre Erziehung bestimmt wird. Was wir aber mit Sicherheit sagen können, ist, dass es möglich ist, Ihre Selbstdisziplin zu ändern und zu verbessern, unabhängig vom Ist-Zustand. Die „Gummiband-Hypothese" von Curt Stern zur uralten Debatte „Natur gegen Natur" kann hier angewendet werden: Die Menschen sind von vornherein mit unterschiedlichen Gummibändern ausgestattet (d. h. mit einer genetischen Veranlagung), und die Umwelteinflüsse können diese Gummibänder auf unterschiedliche Weise dehnen. Selbst wenn die genetische Lotterie Ihnen einen äußerst ungünstigen präfrontalen Cortex beschert hat, können Sie Ihre Umwelt so gestalten, dass Sie das, was Ihnen gegeben wurde, „dehnen" und Ihre Selbstdisziplin verbessern.

Laufen trainiert die Beine; wenn Sie also im Rahmen Ihres täglichen Trainings die Beine trainieren, verbessern Sie deren Fitness. Ähnlich verhält es sich mit den in den verschiedenen Studien ermittelten Gehirnbereichen. Wenn Sie diese Gehirnbereiche „trainieren", indem Sie ständig Techniken anwenden und Aktivitäten durchführen, die Ihre Selbstbeherrschung fördern, können Sie auch Ihre Selbstdisziplin stärken.

Sie sollten sich nicht entmutigen lassen, wenn Sie im Erwachsenenalter Probleme mit Selbstbeherrschung und Disziplin haben. Es wäre sicherlich einfacher gewesen, diese Fähigkeiten zu erlernen, als Sie jünger waren, genauso wie Sprachen nachweislich leichter zu erlernen sind, wenn man jung ist, aber das macht es keineswegs unmöglich, dies jetzt zu tun. Selbstdisziplin und Willenskraft können konsequent ausgeübt werden, um im Laufe der Zeit und in jedem Alter nachhaltige Verbesserungen zu erzielen. Wie bei jeder anderen Fähigkeit gilt auch hier: Je mehr man sich darin übt, desto besser wird man darin.

Diese Studien liefern auch ziemlich starke Argumente dagegen, Kinder ständig zu Verwöhnen. Wenn man in der Kindheit immer seinen Willen bekommt, bedeutet das, dass die Gehirnstrukturen, die der Disziplin zugrunde liegen, vernachlässigt und nicht ausreichend genutzt werden, was wiederum dazu führt, dass man als Erwachsener nicht mehr in der Lage ist, seine Triebe zu kontrollieren und über langfristige Konsequenzen nachzudenken. Sie können sich vorstellen, wie sich dies im täglichen Leben auswirkt.

Konzentration und Exekutivfunktionen

Konzentration ist eine der wichtigsten Säulen der Selbstdisziplin. Wer sich nicht konzentrieren kann, dem fehlt mit ziemlicher Sicherheit auch die Disziplin. Die

Konzentration selbst hängt von etwas ab, das Neurowissenschaftler als *exekutive Funktionen* bezeichnen.

Die drei exekutiven Funktionen, mit denen wir uns am meisten beschäftigen, wenn es darum geht, diszipliniert zu sein, sind das Arbeitsgedächtnis, die Impulskontrolle und die kognitive Flexibilität und Anpassungsfähigkeit. Sie sehen, warum sie treffend Exekutivfunktionen genannt werden - sie bilden das Managementsystem des Gehirns. Mit Hilfe der Exekutivfunktionen können Sie Ziele setzen und verfolgen, Prioritäten setzen, Ablenkungen herausfiltern und unbrauchbare Impulse kontrollieren.

Diese drei Funktionen finden nachweislich in verschiedenen Hirnregionen statt, darunter der dorsolaterale präfrontale Cortex, der anteriore cinguläre Cortex und der orbitofrontale Cortex sowie das zusätzliche motorische Areal und die cingulären motorischen Zonen. So wie die Ausübung von Selbstdisziplin angesichts widersprüchlicher Entscheidungen mit bestimmten Hirnregionen in Verbindung gebracht wird, bedeutet die Verbindung der Exekutivfunktion mit bestimmten Hirnstrukturen, dass man sie gezielt fördern und verbessern kann.

Um die Disziplin zu verbessern und zu verfeinern, ist es eindeutig wünschenswert, dass die Regionen des Gehirns, die für die exekutiven Funktionen zuständig sind, besser durchblutet werden. Eine der Techniken, die dabei helfen kann, ist die Meditation. Seit vielen Jahren wird die Meditation als Allheilmittel für alle möglichen Probleme angepriesen, einschließlich mangelnder Konzentration und Disziplin. Für die Skeptiker unter uns etwas überraschend, haben Studien bestätigt, dass die Meditationspraxis tatsächlich eine Wirkung auf das Gehirn hat. MRT-Scans von Freiwilligen vor und nach der Teilnahme an einem achtwöchigen Achtsamkeitskurs zeigen Ergebnisse, die stark darauf hindeuten, dass Meditation ein nützliches Instrument zur „Stärkung" der Bereiche des Gehirns ist, die für exekutive Funktionen und damit für die Verbesserung der Selbstdisziplin verantwortlich sind.

Außerdem wurde belegt, dass Meditation die Amygdala beeinflusst, die im Allgemeinen für die ursprünglichen Emotionen, Instinkte und Triebe verantwortlich ist, die uns am Leben erhalten. Sie ist auch das Zentrum des „Kampf-oder-Flucht"-Instinkts, der unsere Erregung (im Guten wie im Schlechten) angesichts einer wahrgenommenen Bedrohung steigert. Es ist das Alarmsystem des Körpers. Meditation wird mit einem Schrumpfen der Amygdala in Verbindung gebracht, was bedeutet, dass Teilnehmer, die meditiert haben, tendenziell weniger anfällig für Angst, starke emotionale Impulse und Stress sind. Selbstdisziplin wird oft durch emotionale Impulse und Stress sabotiert, so dass es hilfreich ist, diese unter Kontrolle zu halten, um die Voraussetzungen für eine starke Willenskraft zu schaffen.

Darüber hinaus zeigten die Scans, dass die graue Substanz im präfrontalen Cortex durch die Meditation merklich dichter geworden war. Darüber hinaus war das Wachstum der grauen Substanz nicht nur auf den präfrontalen Cortex beschränkt. Auch die Gehirnstruktur hinter dem

Frontallappen, der anteriore cinguläre Cortex, wurde durch die Meditationspraxis dichter. Dieser Hirnbereich wird mit Funktionen in Verbindung gebracht, die mit der Selbstdisziplin zu tun haben, wie z. B. der Überwachung von Aufmerksamkeitskonflikten und der Ermöglichung einer größeren kognitiven Flexibilität. Mit anderen Worten: Meditation kann sowohl die Gefühle und Emotionen reduzieren, die uns dazu bringen, die Selbstkontrolle zu verlieren, als auch unsere Fähigkeit verbessern, mit diesen Gefühlen umzugehen, indem sie sich physisch auf die dafür verantwortlichen Gehirnstrukturen auswirkt.

Wenn Meditation nicht bereits Teil Ihrer täglichen Routine ist, sollten Sie sie in Betracht ziehen. Viele Menschen sagen, dass sie keine Zeit für die Meditation haben, und sehen dies vielleicht sogar als Zeitverschwendung an. Aber wenn Sie durch ein paar Minuten Meditation am Tag Ihre exekutiven Funktionen verbessern können, wird die gesteigerte Konzentration und Disziplin, während Sie aktiv sind, die Pause, die die Meditation bietet, mehr als wettmachen.

Disziplin bei der Verfolgung langfristiger Ziele ist nur möglich, wenn Sie sich konsequent auf die Entscheidungen und Handlungen konzentrieren können, die zur Erreichung dieser Ziele führen. Daher ist es fast unmöglich, Konzentration und Selbstdisziplin getrennt voneinander zu erreichen, da beide miteinander verknüpft sind.

Willenskraft-Müdigkeit

Es ist wichtig zu verstehen, dass Willenskraft und Selbstdisziplin keine statischen Größen sind, die man angesichts ständiger Versuchungen immer auf demselben Niveau halten kann. Sie sind eher mit dem Benzin in einem Tank vergleichbar, einer erschöpfbaren Ressource. Wenn Sie Ihre Willenskraft einsetzen, wird sie sich genauso erschöpfen, wie wenn Sie Gewichte heben, um Ihre Muskeln zu ermüden. Im Vergleich zu Menschen, die in letzter Zeit keine Willenskraft aufwenden mussten, haben Personen, deren Willenskraft erschöpft ist, nachweislich eine geringere kognitive Aktivität im Gehirn und einen niedrigeren

Blutzuckerspiegel. Das Gehirn einer Person, die einmal einem Keks widersteht, unterscheidet sich von dem einer Person, die zehnmal einem Keks widerstehen musste.

Das bedeutet, dass die Willenskraft eines Menschen noch so groß sein kann, wenn er über einen längeren Zeitraum hinweg genügend Versuchungen ausgesetzt ist, wird er schließlich nachgeben. Man kann nicht vierzig Stunden am Stück laufen, weil einem schlicht der Saft ausgeht.

Der Psychologe Roy Baumeister von der Case Western Reserve University führte 1996 eine Studie durch, in der das Phänomen der so genannten *Willenskrafterschöpfung* gemessen wurde. Er versammelte siebenundsechzig Studienteilnehmer in einem Raum mit frisch gebackenen Keksen und anderen leckeren Süßigkeiten sowie mit bitteren Radieschen. Einige glückliche Teilnehmer durften sich die süßen Leckereien schmecken lassen, während die Versuchspersonen gebeten wurden, nur die Radieschen zu essen. Letztere mussten also ihre Willenskraft unter Beweis stellen.

Es überrascht nicht, dass die Radieschen-Esser nicht sehr erfreut waren. Nachdem sie nach Ansicht der Forschergruppe genug Versuchungen ausgesetzt waren, begaben sich die Teilnehmer an einen neuen Ort und erhielten als vermeintlich unabhängige Aufgabe ein Puzzle zur Überprüfung der Ausdauer. Die Auswirkungen der erzwungenen Willenskraftübung waren eindeutig. Die Teilnehmer, die nur Radieschen gegessen hatten, strengten sich viel weniger an, das Rätsel zu lösen, und gaben in weniger als der Hälfte der Zeit auf als diejenigen, die die Süßigkeiten essen durften. Die Willenskraft der Radieschen-Esser war erschöpft und sie waren bereit, den Weg des geringsten Widerstands zu gehen.

Die Auswirkungen der Studie sind offensichtlich. Die Versuchspersonen, die gezwungen waren, den Süßigkeiten zu widerstehen, hatten ihre Willenskraft dabei aufgebraucht. So waren sie bereits erschöpft, als sie gebeten wurden, sich einer anderen schwierigen Aufgabe zu stellen. Willenskraft ist eine begrenzte Größe, und da sie aufgebraucht werden kann, müssen wir vorsichtig mit ihr haushalten, damit wir Versuchungen nicht wieder zum Opfer fallen.

Unser Gehirn hat sich in Hunderttausenden von Jahren so entwickelt, dass unser tägliches Überleben oberste Priorität hat. Sie wissen, dass Sie in einem modernen Zeitalter leben, in dem ein vorübergehend niedriger Blutzucker- und Energielevel nicht zu einem lebensbedrohlichen Zustand werden kann. Aber Ihr Gehirn weiß das biologisch nicht. Infolgedessen wird Ihr Gehirn in den Überlebensmodus wechseln, wenn Sie Hunger haben. Und der Überlebensmodus ist im Grunde genommen ein grünes Licht für sofortige Befriedigung und Essanfälle sowie für eine Unzahl anderer Verstöße gegen die Selbstdisziplin.

Um sicherzustellen, dass Ihre Willenskraft und Selbstdisziplin nicht erschöpft werden, sollten Sie darauf achten, dass Sie Ihre Willenskraft nicht unnötig oder zu stark herausfordern. Selbstbeherrschung zu üben, kann von Vorteil sein, aber letztlich ist es am effektivsten, die Situationen zu vermeiden, die die größten Versuchungen darstellen und damit die größte Gefahr des Scheiterns bergen.

Vielleicht haben Sie die nötige Willenskraft, um nicht Ihr ganzes hart verdientes Geld im Kasino zu riskieren, während Sie am Tisch sitzen, vielleicht aber auch nicht. Andererseits wird es Ihnen sicher gelingen, dem Risiko zu widerstehen, wenn Sie erst gar nicht ins Casino gehen. Mit anderen Worten: Anstatt Ihre psychologische Energie darauf zu verwenden, Verlockungen zu widerstehen, können Sie sich die Mühe sparen und Situationen, die diese Verlockungen bieten, von vornherein vermeiden.

Ein weiterer biologischer Faktor, der bei der Willenskraft eine Rolle spielt, ist Stress. Auch wenn wir Stress oft als psychologisches Konstrukt betrachten, müssen wir erkennen, dass er sich auch auf körperlicher Ebene manifestiert. Wann immer wir unter großem Stress stehen, werden wir in unseren panischen „Kampf- oder-Flucht"-Modus zurückgeworfen und handeln eher instinktiv und irrational. Stress lenkt Energie vom präfrontalen

Cortex ab und veranlasst uns, uns mehr auf kurzfristige Ergebnisse zu konzentrieren, was uns dazu bringt, ungünstige Entscheidungen zu treffen.

Es gibt viele Möglichkeiten, wie Sie Ihre Willenskraft täglich schonen können, damit sie nie ein gefährlich niedriges Niveau erreicht. Alles läuft darauf hinaus, dass Sie die Menge an Willenskraft, die Sie einsetzen müssen, verringern, indem Sie die Entscheidungen, die Sie treffen müssen, und die Versuchungen, denen Sie widerstehen müssen, klug auswählen.

Nehmen wir zum Beispiel an, Sie haben das unglaublich häufige Problem der Zuckersucht. Es ist eine der am leichtesten zu entwickelnden Süchte, denn Zucker ist in fast allen verarbeiteten Lebensmitteln versteckt. Unsere prähistorischen Echsengehirne denken immer noch, dass Zucker und die Energie, die er liefert, eine knappe Ressource ist, die wir nutzen sollten, wann immer sie verfügbar ist.

Da Sie wissen, dass Willenskraft nicht unbegrenzt vorhanden ist, können Sie sich vorstellen, wie schwierig es sein wird, diesen leckeren Snacks zu widerstehen, wenn Sie sie erst einmal zu Hause haben. Vielleicht gelingt es Ihnen bei den ersten Malen, wenn die Versuchung auftaucht, aber es ist praktisch unvermeidlich, dass Sie früher oder später der Versuchung nachgeben werden. Das gilt vor allem dann, wenn Sie sie dort hinstellen, wo Sie sie ständig sehen.

Der beste Zeitpunkt, um Selbstdisziplin zu üben, ist daher im Lebensmittelgeschäft. Sie können die Gänge mit all den ungesunden Optionen meiden, damit Sie später nicht an Ihrer Willenskraft scheitern. Anstatt sich zu zwingen, der Versuchung zu widerstehen, in die Küche zu gehen und sich einen ungesunden Snack zu holen, vermeiden Sie die Versuchung, diesen Snack überhaupt erst zu kaufen. Anstatt Ihre Willenskraft zu Hause endlos trainieren zu müssen, müssen Sie sie im Laden nur zehn Minuten lang aufbringen.

In der Zwischenzeit können Sie Ihre Selbstdisziplin weiter optimieren, indem Sie die Entscheidungen, die Sie treffen müssen, mit Bedacht treffen. In unserem Beispiel des Lebensmitteleinkaufs ist es ein deutlicher Unterschied, ob Sie versuchen, gesunde Produkte zu kaufen und die Gänge mit den größten Versuchungen zu meiden, wenn Sie hungrig sind oder nachdem Sie eine sättigende Mahlzeit gegessen haben. In diesem Fall entscheiden Sie sich dafür, Bedingungen zu schaffen, unter denen Sie im ungünstigen Fall keine Selbstdisziplin aufbringen müssen. Sie entscheiden sich für eine Standardmaßnahme, die Ihnen zwar nicht gefällt, die Sie aber gewählt hätten, wenn Sie sich selbst diszipliniert hätten. Gesunde Ernährung ist vielleicht kein Problem für Sie persönlich, aber das Konzept, seine Prioritäten klug zu setzen, wenn es um Disziplin geht, lässt sich auf fast alle Aspekte des Lebens übertragen.

Die Disziplin selbst ist ziemlich einfach. In der Regel kennen Sie die gesündere oder bessere Option, und es geht nur darum, sich konsequent für diese Option zu entscheiden, auch wenn die Alternativen mehr sofortige Befriedigung bieten. Was wirklich einen Unterschied machen kann, ist Ihr *Bewusstsein* für Disziplin. Das Ziel ist es, Disziplin so einfach wie möglich zu machen. Dieses Ziel lässt sich am besten erreichen, wenn Sie sich der Faktoren bewusst sind, die Ihre Willenskraft ermüden, und wie Sie sich in günstigere Ausgangssituationen begeben.

Denken Sie daran, dass Disziplin biologisch bedingt ist, und egal, ob Sie sie konsequent ausüben oder nicht, diese Tendenz wird wie jede andere Gewohnheit in Ihrem Gehirn fest verankert. Fangen Sie damit an, sich das Leben leichter zu machen indem Sie Selbstbeherrschung trainieren, und Sie werden wahrscheinlich bald mehr Erfolg haben. Je mehr Sie sich die Disziplin bewusst machen und sich angewöhnen, Ihre Willenskraft zu trainieren, desto stärker werden diese Funktionen werden. Das ist der Weg zu einer nachhaltigen Steigerung der Disziplin in Ihrem täglichen Leben.

Fazit

- Es ist nicht überraschend, dass Selbstdisziplin eine biologische Grundlage hat. Bildgebende Studien haben gezeigt, dass bestimmte Gehirnregionen während der Entscheidungsfindung im Zusammenhang mit der Ausübung von Selbstdisziplin aktiviert werden.

- Eine Hirnregion, der ventrale mediale präfrontale Cortex, spielt eine Rolle bei der Entscheidung, ob man eine sofortige Belohnung annimmt oder die Belohnung aufschiebt.
- Ein anderer Bereich im Gehirn, der dorsolaterale präfrontale Cortex, ist an der Auswahl von Entscheidungen beteiligt, die langfristig bessere Folgen haben.
- Wenn es um Selbstdisziplin geht, sind die drei wichtigsten exekutiven Funktionen das Arbeitsgedächtnis, die Impulskontrolle sowie die kognitive Flexibilität und Anpassungsfähigkeit. Diese Funktionen ermöglichen es Ihnen, Ziele zu setzen und zu verfolgen, Prioritäten zu setzen, Ihre Impulse zu regulieren und Ablenkungen herauszufiltern, was sich letztendlich als Selbstdisziplin manifestiert.
- Die für exekutive Funktionen verantwortlichen Hirnregionen sind der dorsolaterale präfrontale Cortex, der anteriore cinguläre Cortex, der orbitofrontale Cortex, das zusätzliche motorische Areal und die cingulären motorischen Zonen.

- Die Erkenntnis, dass bestimmte Hirnareale für die Selbstdisziplin verantwortlich sind, ist bedeutsam, weil das Gehirn in der Lage ist, die Verbindungen zwischen seinen Zellen ständig neu zu bilden und zu reorganisieren, eine Eigenschaft, die als Neuroplastizität bekannt ist.
- Das Konzept der Neuroplastizität besagt, dass Ihr derzeitiges Niveau der Selbstdisziplin nicht statisch ist. Selbst wenn Sie Probleme mit Ihrer Willenskraft haben, sind Sie nicht dem Untergang geweiht. Sie können Ihre Selbstdisziplin durch tägliche Verhaltensweisen und Gewohnheiten positiv beeinflussen. Wie alle Muskeln können auch die an der Selbstdisziplin beteiligten Hirnareale „trainiert" und damit verbessert werden.
- Die Erschöpfung der Willenskraft ist ein Phänomen, bei dem Ihre Fähigkeit, Versuchungen zu widerstehen und diszipliniert zu bleiben, erschöpft wird. So wie Muskeln, die lange trainiert werden, ermüden können, so kann auch die Willenskraft erschöpft werden, wenn sie überanstrengt wird.

- Das Verständnis der biologischen Grundlagen der Selbstkontrolle ist eine gute Sache, denn es gibt Ihnen einen Plan, wie Sie mit Ihrer eigenen Selbstdisziplin umgehen können - Sie können sie steigern und Sie können sich in die Lage versetzen, die aufrecht zu erhalten.

Kapitel 2. Was drückt Ihre Knöpfe?

In Kapitel 1 wurden einige der offensichtlichsten Fälle genannt, in denen Menschen Disziplin benötigen, wie z. B. bei der Ernährung und beim Sport. In diesen Fällen wird Disziplin nicht willkürlich angewandt, sondern zu einem bestimmten Zweck oder aus einer Reihe von Gründen. Ein Teil der Verhaltensweisen sind ungehemmt, während eine ganz bestimmte Gruppe kontrolliert wird. Die Gründe für den Wunsch, bestimmte Verhaltensweisen zu kontrollieren, gehen oft über die bloße Ausübung einer Tätigkeit um ihrer selbst willen hinaus. Jemand, der seine Ernährung umstellt oder ein Trainingsprogramm beginnt, tut dies, weil er sich gesünder, fitter und attraktiver fühlen und auch so aussehen möchte. Man hat ein bestimmtes Ziel vor Augen, ein bestimmtes Ergebnis, das angeblich die Arbeit und die Willenskraft wert ist.

Das genaue Wissen um das gewünschte Ergebnis ist ein wesentlicher Bestandteil der Selbstdisziplin. Sie müssen in der Lage sein, es zu benennen, es zu beschreiben und es zu spüren. Andernfalls zwingt man sich selbst in Unbehagen mit der vagen Vorstellung, dass man etwas tun *sollte*. Es ist, als würde man in einer Armee marschieren und nicht wissen, wofür man kämpft oder warum man überhaupt dort ist.

Es ist unmöglich, Disziplin aufrechtzuerhalten, ohne eine klare Vorstellung von dem zu haben, was man erreichen will. Natürlich gibt es einige universelle Motivationen, die wir in Betracht ziehen können, aber jeder Mensch ist durch unterschiedliche Dinge und auf unterschiedliche Weise motiviert. Die einen werden durch das Bedürfnis nach Macht angetrieben, andere durch das Bedürfnis nach Freiheit. Manche werden von der Möglichkeit, etwas zu erreichen, inspiriert, während andere von dem Wunsch nach

Zuneigung bewegt werden. Wieder andere können in unterschiedlichem Maße durch eine Kombination dieser Bedürfnisse motiviert sein. Um langfristige Ziele zu erreichen, ist es wichtig, herauszufinden, wie Sie motiviert sind, denn so haben Sie mehr Antrieb, um Ihre Bedürfnisse und Wünsche zu erfüllen. Es ist gefährlich, sich ausschließlich auf Selbstdisziplin zu verlassen und sich ohne einen klaren Grund aus dem Bett zu quälen.

Wenn wir alle einen unendlichen Vorrat an Motivation hätten, wären Dinge wie Faulheit, Trägheit, Ablenkungen und Versuchungen vielleicht kein Problem mehr. In Wirklichkeit ist es jedoch selbst für die leidenschaftlichsten Menschen schwierig, ein Höchstmaß an Motivation aufrechtzuerhalten. Deshalb ist es wichtig, herauszufinden, was Sie antreibt.

Entdeckung der Motivation

Sich motiviert zu fühlen, bedeutet in der Regel, von etwas begeistert zu sein. Doch leider müssen wir - mit Ausnahme einiger weniger Glücklicher - einen Großteil unseres täglichen Lebens mit Dingen verbringen, die nicht besonders aufregend sind. Das kann sogar für unsere Jobs oder Karrieren gelten. In solchen Zeiten kann es von großem Nutzen sein, herauszufinden, welche starken Motivatoren in Ihnen stecken, die Sie vielleicht noch gar nicht an sich selbst erkannt haben. Wenn Sie sich an das „Warum" hinter Ihren Handlungen erinnern, bleiben Sie auf dem Boden der Tatsachen und haben die Kraft, Schwierigkeiten zu überwinden. Sie können dies als den Silberstreif am Horizont sehen oder als den Grund, der Sie morgens aufstehen lässt.

Es kann schockierend sein zu erfahren, wie sehr wir missverstehen, was uns motiviert. Was glauben Sie zum Beispiel, was Sie in Ihrem Job motiviert? Da könnten Sie sich gewaltig irren. Die Psychologen Teresa Amabile und Steven Kramer haben unsere Ahnungslosigkeit in dieser Hinsicht aufgezeigt.

Nach der Befragung von über 600 Managern fanden Amabile und Kramer heraus, dass unglaubliche 95 Prozent von ihnen fälschlicherweise glaubten, dass ihre Mitarbeiter am meisten durch

Geldverdienen, Boni und Beförderungen motiviert seien. Ihre gesamten Arbeitsplatzkulturen und -strukturen basierten auf solchen falschen Annahmen und waren daher grundlegend fehlerhaft, da sie nicht auf das ausgerichtet waren, was den Mitarbeitern tatsächlich wichtig war. Die Wahrheit über die Motivationen der Mitarbeiter in ihrem Büro wurde von den entsprechenden Mitarbeitern selbst aufgedeckt.

Eine eingehende Analyse von mehr als 12.000 Tagebucheinträgen von Arbeitnehmern hat gezeigt, dass der wichtigste Motivator für die Produktivität am Arbeitsplatz weder finanziell noch vom Status abhängig ist. Der größte Arbeitsanreiz war das Gefühl, *beständige Fortschritte im Hinblick auf ein sinnvolles Ziel* zu machen. Das Gefühl, sich zu steigern, besser zu werden und generell zu wachsen, war ein stärkerer Motivationsfaktor als Geld oder ein höherer Status. Versprechungen von Prämien, Gehaltserhöhungen und sogar Anerkennung führten nicht dazu, dass die Mitarbeiter härter arbeiteten; die Einbindung ihrer Arbeit in die

Selbstentwicklung oder ein übergeordnetes Ziel tat dies. Es ist eine Sache, gut im Basketball zu sein, aber wenn man am ersten Tag kaum in der Lage ist, einen Ball zu dribbeln, und es dann am siebten Tag schafft, ihn zwischen den Beinen hindurch zu dribbeln, ist das ein viel stärkerer Motivator für kontinuierliche Arbeit.

Falls diese 12.000 Tagebucheinträge noch nicht Beweis genug waren, hat eine andere berühmte Studie von Dr. Edward Deci einen anderen Ansatz gewählt, um zu klären, welcher Faktor am meisten zum Engagement am Arbeitsplatz beiträgt. Deci maß, wie lange es dauerte, bis die Teilnehmer seiner Studie aufgaben, wenn sie ein schwieriges Rätsel erhielten. Die Hälfte der Teilnehmer wurde in Gruppe A eingeteilt und erhielt eine Geldbelohnung für das Lösen des Rätsels. Die andere Hälfte gehörte zur Gruppe B, der kein Preis angeboten wurde.

Der erste Ergebnistag verlief genau so, wie man es erwarten würde - Gruppe A arbeitete fast doppelt so lange an der Lösung des Rätsels wie Gruppe B. Am nächsten Tag teilte Deci den Teilnehmern der Gruppe A jedoch mit, dass es dieses Mal nicht genug Geld geben würde, um sie für die Lösung des Rätsels zu bezahlen. Verständlicherweise waren die Teilnehmer der Gruppe A nicht mehr begeistert von dem Rätsel und gaben schnell auf. Gruppe B hingegen arbeitete am zweiten Tag länger als am ersten Tag. Tatsächlich arbeitete die Gruppe B in jeder weiteren Sitzung immer länger, obwohl ihr nie Geld für ihre Bemühungen angeboten wurde.

Einerseits beweist die Studie, dass Geld ein starker kurzfristiger Motivator ist. Es ist die am niedrigsten hängende Frucht und das offensichtlichste Heilmittel für unsere Probleme und unser Unglücklichsein. Aber ab einem bestimmten Punkt spielt Geld fast keine Rolle mehr. Andererseits hat die Studie gezeigt, dass die *Investition* in die Erreichung eines Ziels - in diesem Fall die Arbeit an einem Rätsel an aufeinanderfolgenden Tagen - langfristig ein nachhaltigerer und effektiverer Antrieb ist. Wenn es eine Herausforderung gibt, die man bewältigen und überwinden will, hält man sich auf Trab und ist motiviert, einfach nur um des Triumphes willen. Typische Beispiele: jedes einzelne Videospiel, das jemals veröffentlicht wurde. Selbst wenn diese Spiele keinen materiellen Gewinn abwerfen, veranlasst die Tatsache, dass es in ihnen eine Herausforderung gibt, die Menschen dazu, sich ihr zu stellen und die vor ihnen liegenden Aufgaben zu bewältigen.

Diese etwas überraschenden Ergebnisse veranlassten die Wissenschaftler zu der Frage, was sonst noch unsere Arbeitsmoral und Selbstdisziplin beeinflusst. Neben dem Gefühl des Fortschritts und der Investition haben sie drei Hauptmotivationskategorien herausgefunden: Autonomie, Kompetenz und Zielsetzung.

Unser Wunsch nach Autonomie bedeutet, dass wir selbst bestimmen und unser Leben selbst in die Hand nehmen wollen. Nehmen wir zum Beispiel zwei junge und phantasievolle Schüler, die eine Brücke aus Legosteinen bauen sollen. Wenn man dem einen genaue Anweisungen gibt und dem anderen erlaubt, etwas Originelles zu entwerfen, was glauben Sie, wer wird sich mehr für den Bau der Brücke engagieren? Wahrscheinlich derjenige, der ermutigt wird, seiner eigenen Vision zu folgen und etwas Einzigartiges zu schaffen. Oft ist es am vorteilhaftesten, anderen zu helfen, produktiver und engagierter zu sein, wenn man ihnen einfach aus dem Weg geht und sie ihre eigenen Ideen verfolgen lässt, indem sie ihrer Intuition folgen.

Der zweite Motivator, die Beherrschung von Fähigkeiten, bezieht sich auf unseren angeborenen Drang, Dinge besser zu können. Eine Vorstellung davon, wie stark sich Kompetenz und Meisterschaft auf unsere Disziplin auswirken kann, vermittelt die legendäre Arbeitsmoral von Kobe Bryant. Wenn man Kobe fragte, warum er um 4.00 Uhr morgens trainierte oder warum er vor allen anderen zum Training erschien, antwortete er, dass er dies tat, weil er der beste Basketballspieler sein wollte, der er sein konnte. Wer von der Idee beseelt ist, sein Handwerk zu beherrschen, ist viel eher bereit, Opfer zu bringen und diszipliniert zu arbeiten als der Durchschnittsmensch. Da es praktisch unmöglich ist, ein Handwerk bis zur Perfektion zu beherrschen, führt dieser Wunsch zu einem nie versiegenden Antrieb.

Und dann ist da noch die Zielsetzung - der Glaube oder die Absicht, dass wir etwas in der Welt bewirken können. In vielen Fällen wird sich Disziplin ohne Zielsetzung wahrscheinlich nur wie sinnloses Leiden anfühlen. Jemand, der sich nicht dazu berufen fühlt, kranken oder verletzten Menschen zu helfen, wird wahrscheinlich im Medizinstudium nicht so diszipliniert sein wie jemand, der dies tut. Der Wunsch, ein sinnvolles Leben zu führen und etwas Nützliches zur Gesellschaft beizutragen, ist ein wesentlicher Bestandteil des Menschseins. Jemand, der eine Wohltätigkeitsorganisation leitet, wird wahrscheinlich mit einer größeren Motivation ausgestattet sein als jemand, der nur einen Beitrag für sein Bankkonto leistet.

Welchen dieser Zusammenhänge können Sie in Ihrem eigenen Leben entdecken und nachvollziehen? Was auch immer Sie erreichen wollen, für Ihren Erfolg ist es unabdingbar, dass Sie Ihr Ziel in mindestens einen dieser drei Motivationskontexte einordnen können. Sie können es drehen und wenden, wie Sie wollen, aber wenn Ihr Ziel nicht in irgendeiner Weise mit Autonomie, Kompetenz oder Zielsetzung verbunden ist, werden Sie es schwer haben, es zu erreichen.

Extrinsische versus intrinsische Motivation

Stellen Sie sich zwei Mitarbeiter desselben Unternehmens vor. Der eine geht jeden Tag zur Arbeit, hauptsächlich motiviert durch das Gehalt, das er am Monatsende erhält, d.h. er wird von seiner finanziellen Not getrieben. Wenn er gezwungen ist, aus irgendeinem Grund der Arbeit fernzubleiben, ist seine größte Sorge der Lohnabzug. Der andere Arbeitnehmer geht zur Arbeit, weil er das Gefühl hat, dass er mit seiner Arbeit seinen Zweck erfüllt, nämlich den Kollegen zu helfen. Wenn er einen Arbeitstag versäumt, ist seine Hauptsorge nicht das geringere Gehalt, sondern die dadurch verursachte Verzögerung des Dienstes für andere. Dieses Szenario veranschaulicht zwei verschiedene Arten von Motivation: extrinsische und intrinsische.

Obwohl es viele verschiedene Arten und Varianten gibt, fallen alle Ihre persönlichen Motivatoren letztendlich in die oben genannten Grundkategorien. Extrinsische Motivation bezieht sich auf die Motivation, die von anderen Menschen, Umweltfaktoren oder sozialen Faktoren abhängt. Intrinsische Motivation hingegen hängt von der eigenen Person ab und basiert hauptsächlich auf persönlichen Bedürfnissen und Wünschen.

Beide Arten der Motivation können wirksam eingesetzt werden, aber es ist wichtig, dass Sie ehrlich einschätzen, in welche Kategorie Ihre verschiedenen Motivationen fallen. Davon hängt ab, wie Sie sich für gute Disziplin belohnen und wie Sie sich bestrafen, wenn Ihre Willenskraft nachlässt. Viele Menschen stufen sich nämlich gerne als intrinsisch motiviert ein, obwohl sie in Wirklichkeit fast ausschließlich extrinsisch motiviert sind.

Zu den extrinsischen Motivatoren gehören auch die Suche nach Vergnügen, Lob und sogar Bestechung. Unser Drang, Reichtum anzuhäufen, uns fortzupflanzen und einen sozialen Status zu erreichen, fällt in diese Kategorie. Dies bedeutet, dass wir Dinge für andere Menschen und nicht für uns selbst tun. Das sind die Arten von

Motivatoren, die uns anfällig für Urteile anderer machen.

Wir sind auch extrinsisch motiviert, um Leiden in Form von Schmerz, Angst, Tadel, Drohungen und aktueller Unzufriedenheit zu vermeiden, um nur einige Beispiele zu nennen. Die Angst vor finanzieller Instabilität kann ein starker Motivator dafür sein, hart zu arbeiten und nicht gefeuert zu werden, während Unzufriedenheit mit einem Job ein starker Motivator dafür sein kann, viel Zeit und Energie darauf zu verwenden, nach anderen Möglichkeiten zu suchen, die vielleicht mehr Spaß machen. Im Allgemeinen wollen die Menschen so bequem und zufrieden wie möglich sein, aber oft ist ein oder mehrere dieser negativen Motivatoren nötig, um uns zu zwingen, diszipliniert eine Veränderung vorzunehmen.

Die größte extrinsische Motivation ist jedoch, wie wir von anderen wahrgenommen werden. Buddhistische Mönche mögen vielleicht einen großen Teil ihres Lebens darauf verwenden, zu lernen, wie sie sich *nicht* aufgrund ihres Egos, ihres Stolzes, ihrer Unsicherheit oder ihres

Machtstrebens verhalten sollen - aber diese Dinge können die treibenden Kräfte hinter unserem Erfolg in der materiellen Welt sein. In ähnlicher Weise suchen wir auch nach Akzeptanz durch Gleichaltrige und passen uns vielleicht sogar sozial an, um dies zu erreichen. Ein junger Schüler, dessen Klassenkameraden abends gemeinsam online Videospiele spielen, wird beispielsweise motivierter und disziplinierter sein, wenn es darum geht, seine Hausaufgaben rechtzeitig zu erledigen, um spielen zu können, als ein Schüler, der abends keinen Kontakt zu Gleichaltrigen hat.

Wenn man bedenkt, wie viel Disziplin und Hingabe Mönche aufbringen müssen, um extrinsische Motivation loszulassen, überrascht es nicht, dass es auch auf der anderen Seite des Spektrums viele Menschen gibt, die diese Motivatoren nutzen, um bei der Verfolgung ihrer Ziele diszipliniert zu bleiben. Sozial erfolgreich zu sein und von anderen hoch angesehen zu werden, reicht manchen Menschen aus, um wirklich erstaunliche Dinge zu vollbringen. Solange man diese Eigenschaft ehrlich anerkennt und nicht vorgibt, jemand zu sein, der man nicht ist, kann extrinsische

Motivation durchaus etwas sein, das man sich zu eigen machen sollte.

Für viele andere Menschen hingegen stellt sich der Erfolg ein, wenn sie sich von den extrinsischen Motivatoren lösen und sich auf die intrinsischen Motivatoren besinnen, d. h. ihre persönlichen, inneren Bedürfnisse und Wünsche.

Wir alle brauchen Nahrung, Wasser und ein Dach über dem Kopf, um zu überleben, und wir brauchen menschliche Beziehungen, um geistig stabil zu sein. Wenn es Ihnen an diesen Dingen mangelt, tritt alles andere hinter dem Streben nach den lebensnotwendigen Dingen zurück.

Nachdem diese Grundbedürfnisse befriedigt sind, ist das nächste, was wir uns intrinsisch wünschen, persönliche Zufriedenheit und Erfüllung. Das kann bedeuten, eine Arbeit zu haben, die äußerst interessant ist oder einen positiven Einfluss auf andere hat, oder durch persönliche Beziehungen zu Freunden und Familie zufrieden und erfüllt zu sein.

Befriedigung und Erfüllung kommen oft in Form von Leistung, persönlichem Wachstum und Verbesserung. Einige der diszipliniertesten Menschen auf der Welt - Weltklassesportler - werden wahrscheinlich von beiden Gefühlen motiviert, wenn sie die unzähligen Stunden des Trainings und der Vorbereitung aufbringen, die erforderlich sind, um in ihren jeweiligen Sportarten auf höchstem Niveau zu bestehen.

Letztlich kommt es bei der Disziplin einfach darauf an, dass Sie motiviert sind und diese Motivation erkennen. Ohne ausreichende Motivation ist es unmöglich, Disziplin aufrechtzuerhalten, und ebenso ist umgekehrt das Erreichen von intrinsischen und extrinsischen Zielen ohne Disziplin nicht möglich.

Aristoteles' Theorie der Motivation

Dem berühmten Philosophen Aristoteles wird zugeschrieben, einen der ersten Leitfäden zur menschlichen Motivation entwickelt zu haben. Er schuf das Werk „*Rhetorik*" im Laufe von zwei Zeiträumen, die er in Athen verbrachte - zunächst von

367 bis 347 v. Chr. und später von 335 bis 322 v. Chr..

In *Rhetorik*, Buch 1, Kapitel 10, legt Aristoteles seine sieben Ursachen für menschliches Handeln dar. Zusammenfassend stellt Aristoteles die Theorie auf, dass alle Handlungen entweder emotional oder rational motiviert sind. Wir suchen nach angenehmen Dingen und handeln, um unseren Schmerz und unser Leiden zu verringern.

Die erste Ursache für Handlungen, die Aristoteles erwähnt, ist der **Zufall**. Dieser bezieht sich auf Ereignisse, deren Ursache oder Zweck nicht bestimmt werden kann, und auf solche, die sporadisch oder scheinbar zufällig auftreten. Stellen Sie sich zum Beispiel vor, wie Sie sich fühlen, wenn Sie einem alten Freund begegnen, den Sie seit Jahren nicht mehr gesehen haben, und erfahren, dass er sehr erfolgreich geworden ist. Auch wenn Sie sich für ihn freuen, ist es möglich, dass Sie trotzdem ein wenig Neid oder Bedauern empfinden. Diese Gefühle können Sie dazu motivieren, Ihre eigenen Ziele mit neuem Enthusiasmus und neuer Disziplin zu verfolgen. Ein Ereignis, das eine unglaublich geringe Eintrittswahrscheinlichkeit hatte, kann unter entsprechenden Umständen als lebensverändernder Katalysator dienen.

Nach dem Zufall gibt es zwei Unterkategorien für Motivatoren, die nicht auf unser eigenes Handeln oder den Zufall zurückzuführen sind, sondern auf eine Notwendigkeit.

Eine Unterkategorie der Notwendigkeitsmotivatoren ist die **Natur** - Dinge, die eine feste und innere Ursache haben und mit relativer Gleichförmigkeit geschehen. Es mag schwierig sein, Netflix auszuschalten, während Sie nach Mitternacht eine wirklich unterhaltsame Sendung sehen, aber Sie werden motiviert sein, ein wenig Disziplin walten zu lassen und trotzdem den Ausschaltknopf zu drücken. Das liegt daran, dass Sie ein natürliches Schlafbedürfnis haben, und wenn Sie dieses Bedürfnis zu lange ignorieren, hat das unweigerlich negative Folgen für Ihre Gesundheit.

Die übrigen Triebfedern, die nicht in die natürliche Kategorie fallen, werden als

Zwänge bezeichnet. Ein Zwang ist eine Handlung, zu der sich jemand motiviert fühlt, obwohl sie seinen bewussten Wünschen oder seinem rationalen Verstand zuwiderläuft. Jemand möchte fit und gesund sein und weiß, dass er sich gesund ernähren und Sport treiben muss, fühlt sich aber vielleicht trotzdem gezwungen, eine ungesunde Mahlzeit zu sich zu nehmen oder das Training ausfallen zu lassen und stattdessen vor dem Fernseher zu faulenzen. Es ist etwas, das sich in ihrem Gehirn festgesetzt hat, und sie fühlen sich erst dann zufrieden, wenn sie es zu sich genommen haben. Es erfordert in der Regel ein hohes Maß an Selbstdisziplin, um den Zwang konsequent zu überwinden.

Ähnlich wie Zwänge sind auch **Gewohnheiten** oft Motivatoren, die eine starke Disziplin erfordern, um zu Ihrem Vorteil zu wirken. Die Bildung einer guten Gewohnheit, wie z. B. der Beginn der Meditation, erfordert Disziplin, um sie aufzubauen und aufrechtzuerhalten, bis sie zur zweiten Natur wird.

Wenn eine Gewohnheit erst einmal zur zweiten Natur geworden ist, wird es schwierig sein, sie zu durchbrechen, besonders im Falle einer Drogensucht, bei der man sich sowohl körperlich als auch geistig gezwungen fühlt, das schädliche Verhalten fortzusetzen. Um eine Gewohnheit zu überwinden, sind Disziplin bei der Vermeidung von Auslösern und Willenskraft bei der Bekämpfung von Verlangen erforderlich.

Dann gibt es die rationalen Motivatoren, die durch Überlegungen entwickelt werden. Das sind die Handlungen, die konstruktiv erscheinen, um ein Ziel zu erreichen oder etwas Gesundes und Wünschenswertes zu erlangen. Es ist nicht einfach, diszipliniert zu sein, fleißig zu lernen und gute Noten im Studium zu erzielen, aber ein Student wird rational motiviert sein, dies zu tun, wenn er weiß, dass es ihm helfen wird, einen Job zu bekommen, den er wirklich will.

Leider sind wir nicht immer in der Lage, rational zu denken und zu handeln. Zwei weitere Motivatoren für Handlungen sind **Wut** und **Leidenschaft**, die aus starken Emotionen und Impulsen resultieren. Jemand könnte z. B. motiviert sein, seine eigene Integrität zu beschädigen, um in einem emotional aufgeladenen Moment jemand anderem zu schaden. Um diesen potenziell schädlichen Drang zu überwinden, braucht man Disziplin bei der Entscheidungsfindung und ein Bewusstsein für Denkmuster.

Die letzte der sieben Handlungsursachen des Aristoteles schließlich ist unser **Verlangen nach Vergnügen**. Nachdem unsere Grundbedürfnisse befriedigt sind, können wir uns von unseren Begierden in einer Weise irrational leiten lassen, die uns dazu bringt, gegen unsere eigenen Interessen zu handeln. Vielleicht gehen Sie in den Laden, um ein paar lebensnotwendige Dinge zu kaufen, und haben plötzlich einen Wagen voller Dinge, die Sie nicht brauchen und für die Sie kein Geld ausgeben wollten. Das passiert, wenn Sie nicht diszipliniert genug waren, um Ihr Verlangen nach dem Vergnügen des Materialismus zu überwinden.

Die meisten Menschen denken an Motivation nur im positiven Sinne und glauben, dass sie mit ein wenig mehr Motivation härter arbeiten und erfolgreicher sein könnten. Wenn es um

Disziplin geht, ist die Motivation selbst jedoch neutral. Es ist Ihr Verständnis dessen, was Sie zu positivem und negativem Handeln motiviert, das bestimmt, wie effektiv Sie Disziplin ausüben können, um Ihre Ziele zu erreichen.

Es liegt an Ihnen, diszipliniert genug zu sein, um negative Motivatoren zu vermeiden und ihnen zu widerstehen, und ein klares Verständnis für die positiven Motivatoren zu haben, die Ihnen helfen können, Ihre Selbstdisziplin aufrechtzuerhalten.

Fazit

- Selbstdisziplin ist wichtig, aber wesentlich ist auch eine angemessene Motivation, die es leichter macht, Selbstdisziplin zu üben und aufrechtzuerhalten. Wenn Sie ein tiefes Verständnis für den Zweck Ihres Handelns und eine klare Vorstellung davon haben, was Sie erreichen wollen, dann wird es für Sie zur zweiten Natur, den Antrieb zu finden, um Ihre Bemühungen aufrechtzuerhalten und weiterzumachen, bis Sie Ihr Ziel erreichen.

- Was Sie glauben, dass Sie motivieren könnte, ist in Wirklichkeit nicht der Fall. Studien haben immer wieder gezeigt, dass materielle Gewinne - wie Geld und Prämien - wenig motivierend sind. Stattdessen sind persönliche Gefühle des Fortschritts, der Autonomie, der Kompetenz und der Zielsetzung weitaus wirksamere Motivatoren, an denen Sie sich orientieren können.
- Motivation kann in extrinsische und intrinsische Formen unterteilt werden. Extrinsische Motivation ist von außen auf Sie gerichtet - Geld, materielle Belohnungen, die Meinung oder Wertschätzung anderer, Bestrafung - und wurzelt in Ihrem Bedürfnis, Wohlstand anzuhäufen und einen hohen sozialen Status zu erreichen. Die intrinsische Motivation hingegen wird durch ein angeborenes Ziel angetrieben, ein Streben nach Erfüllung, bei dem es nicht so sehr darum geht, anderen zu gefallen, sondern das von dem Wunsch nach persönlichem Wachstum und Verbesserung angetrieben wird.
- Sowohl die extrinsische als auch die intrinsische Motivation können wirksam eingesetzt werden, um Ihre

Selbstdisziplin zu stärken; entscheidend ist, dass Sie sich bewusst sind, was Sie motiviert und wie Sie diese Faktoren für sich nutzen können.
- Nach Aristoteles' Motivationstheorie sind die sieben Ursachen für menschliches Handeln: Zufall, Natur, Zwänge, Gewohnheiten, Zorn, Leidenschaft und Hedonismus. Während die meisten Menschen Motivation als etwas rein Positives betrachten, zeigt die Theorie von Aristoteles, wie bestimmte Motivatoren uns zu positiven oder negativen Handlungen veranlassen können. Es ist wichtig, Selbstbewusstsein zu entwickeln und ein klares Verständnis für die eigenen positiven und negativen Motivatoren zu haben.

Kapitel 3. Disziplinierungstaktiken der Navy SEALs

Disziplin ist gleich Freiheit - Jocko Willink, ehemaliger Navy SEAL-Kommandant

Wann immer Sie sich verbessern oder etwas erreichen wollen, können Sie sich an die wahren Experten in dem Bereich wenden, in dem Sie tätig werden wollen.

Wenn es um Selbstdisziplin geht, ist die Eliteeinheit der US-Marine, die SEALs, wirklich das Beste, was es gibt. SEAL steht für Sea, Air, and Land, und die Personen, die zu SEALs werden, sind bekannt für ihre Fähigkeiten, ihre Disziplin, ihre Konsequenz und ihr Können. Um ein SEAL zu werden, ist ein umfangreiches Training erforderlich, und die große Mehrheit der Soldaten, die das Trainingsprogramm beginnen, schaffen es nicht bis zum Ende. Diejenigen, die es schaffen, verkörpern den Archetypus des Kriegers und verkörpern die Redewendung „Geist über Materie". „Diese Männer und Frauen verfügen über die mentale Stärke und die körperliche Zähigkeit, um jede ihnen zugewiesene Aufgabe zu erfüllen und extreme Schwierigkeiten zu überstehen und auszuhalten. Ihr eigenes Leben hängt davon ab.

Die 40%-Regel

Die Maximierung des menschlichen Potenzials in der Art und Weise, wie die Navy SEALs sich selbst zu Höchstleistungen antreiben, hat zur Entwicklung der berühmten 40%-Regel geführt.

Die 40 %-Regel ist ganz einfach. Sie besagt, dass der Mensch, wenn sein Verstand ihm sagt, dass er körperlich oder seelisch am Ende ist, in Wirklichkeit nur 40 Prozent seiner vollen Leistungsfähigkeit erreicht hat. Mit anderen Worten: Sie könnten 60 Prozent mehr verkraften, wenn sie nur daran glauben würden, dass sie dazu fähig sind. Wenn Sie glauben, dass Sie Ihre Grenzen erreicht haben, sind Sie nicht einmal nahe dran, und ob Sie weitermachen können oder nicht, hängt davon ab, ob Sie daran glauben. In einem Moment, in dem man glaubt, dass man seine Grenzen erreicht hat, ist es ein ziemlicher Kraftakt, sich zu sagen, dass man erst 40 Prozent erreicht hat. Das ist eine Akzeptanz von Schmerz und Leid.

Normalerweise wollen wir schon aufgeben, wenn wir anfangen, Schmerzen zu empfinden oder gerade mal an unsere Grenzen stoßen. Aber dieser Punkt ist eigentlich erst der Anfang dessen, wozu wir alle fähig sind. Der Schlüssel zur Freisetzung von mehr Potenzial liegt darin, das anfängliche Unbehagen und die damit einhergehenden Selbstzweifel zu überwinden. Indem Sie den Glauben an sich selbst unbeirrt aufrechterhalten, zeigen Sie sich selbst, dass Sie mehr erreichen können, und dieser Beweis stärkt Ihr Selbstvertrauen und Ihre mentale Widerstandsfähigkeit.

Das der 40-Prozent-Regel zugrunde liegende Prinzip ist in gewisser Weise mit dem Phänomen des „zweiten Windes" verwandt, das der amerikanische Psychologe William James erklärt hat. Nach James' Theorie der Energiereserven verfügt jeder Mensch über ein inneres Reservoir an körperlicher und geistiger Energie, das genutzt werden kann, wenn man tiefer gräbt. Er stellte fest, dass Menschen ihre Bemühungen um ein Ziel in der Regel aufgeben, sobald sie sich erschöpft fühlen, dass sie aber in manchen Fällen weitermachen können, wenn sie einen zwingenden Grund zum Weitermachen haben. Während sie weiterarbeiten, nimmt ihre Müdigkeit zunächst zu, verschwindet dann aber allmählich wieder und sie spüren eine Wiederbelebung ihrer Energie – das ist das, was als „zweiter Wind" bezeichnet wird.

Sie könnten zum Beispiel nach zehn Liegestützen anfangen, sich zu quälen. Sie hören die Stimme in Ihrem Kopf, die sagt, dass Sie sich zu müde, zu erschöpft oder zu schwach fühlen, um weiterzumachen. Aber wenn Sie eine Pause einlegen und sich sammeln, um eine weitere Übung zu machen, stellen Sie fest, dass Sie die Stimme, die sagt, dass Sie es nicht können, hierdurch bereits widerlegt haben. Dann hält man inne und macht noch eine Übung. Und dann noch eine.

Und dann noch eine. Plötzlich sind Sie bei zwanzig. Sie können es langsam angehen lassen, aber Sie haben gerade das Doppelte dessen erreicht, was Sie für möglich gehalten haben.

Wenn Sie daran glauben, dass Sie mehr erreichen können, wird es wahr. Es ermöglicht es Ihnen, weit über die Grenzen hinauszugehen, die Sie für sich selbst in Ihrem Kopf errichtet haben. Und wenn Sie einmal den Schmerz und den Drang verspürt haben, bei zehn Liegestützen aufzugeben, es dann aber durchgezogen und 20 geschafft haben, wissen Sie, dass Ihre mentale Stärke Ihnen geholfen hat, durchzuhalten. Wenn Sie das nächste Mal gefordert werden, fühlen Sie sich umso fähiger und bereit, Ihre vermeintlichen Grenzen zu überschreiten. Das verkörpert Selbstdisziplin auf den Punkt gebracht - es geht wirklich darum, wie viel Schmerz man ertragen kann, und die meisten von uns werden sich nur anstrengen, aber nicht deswegen zerbrechen.

Unser Verstand kann unser bester Freund sein, wenn wir fest an unsere Fähigkeiten glauben, aber er kann auch ein giftiger Feind sein, wenn wir der Negativität erlauben, die Kontrolle zu übernehmen. Es liegt an Ihnen, sich selbst zu stärken, indem Sie die 40 %-Regel anwenden, anstatt beim ersten Anzeichen von Widerstand mental das Handtuch zu werfen.

Stellen Sie sich vor, Sie beschließen, einen 5 km-Lauf oder sogar einen ganzen Marathon zu absolvieren, obwohl Sie nicht in Form sind. Während des Laufs werden Sie unweigerlich schwerer atmen, Ihre Beine werden sich schwerer anfühlen, und Sie werden an sich selbst zweifeln. In diesem Moment könnten Sie einfach aufgeben und sich zusätzliche Schmerzen und Muskelkater ersparen. Aber wenn die Umstände anders wären und Sie aus Selbsterhaltungstrieb vor einer Gefahr davonlaufen würden, könnten Sie zweifellos weit über diesen ersten Impuls zum Aufgeben hinaus weiterlaufen. Abgesehen von massiven Verletzungen würden Sie es zu Ende bringen, wenn Sie davon überzeugt sind, dass der Schmerz Teil des Prozesses ist. Es kommt nur darauf an, ob Sie daran glauben oder nicht.

Die Realität ist, dass die meisten von uns keine Ahnung von ihren wahren körperlichen und geistigen Grenzen haben. Unser Leben ist um ein Vielfaches sicherer und bequemer als das unserer Vorfahren, und das hat einige unerwünschte Folgen, wenn es um die geistige Stärke geht. Wir werden nicht auf die Probe gestellt und wissen nicht, wozu wir fähig sind. Heutzutage sind es vor allem die Menschen, die intensive Herausforderungen suchen, die in der Folge ihre Disziplin schulen und geistige Höchstleistungen vollbringen, während der Rest von uns ein bequemes Leben führt, ohne eine Ahnung von seinen Fähigkeiten zu haben.

Wenn Sie skeptisch sind, was die Vorzüge der 40 %-Regel betrifft, gibt es einige wissenschaftliche Beweise, die Sie vielleicht überzeugen können. In zahlreichen Studien wurde im Laufe der Jahre festgestellt, dass der Placebo-Effekt - die spürbare Veränderung der Leistung, die allein durch den Glauben daran verursacht wird, dass Ihre Leistung irgendwie beeinflusst wird - einen erheblichen Einfluss hat, insbesondere in der Leichtathletik. Die Legitimität des Placebo-Effekts legt nahe, dass Ihre mentale Stärke und Zähigkeit eine große Rolle für Ihre körperlichen Fähigkeiten spielen. Mit anderen Worten: Wenn Sie daran glauben, wird es auch so *sein*.

Ein aussagekräftiger Beleg für den Placebo-Effekt stammt aus einer 2008 im *European Journal of Neuroscience* veröffentlichten Studie. In der Studie wurde festgestellt, dass Teilnehmer, die Zuckerpillen erhielten und denen gesagt wurde, dass es sich dabei um Koffein handelte, deutlich mehr leisteten, wenn sie anschließend Gewichte hoben. Der Glaube an zusätzliche Kraft und Energie ermöglichte es den Teilnehmern, ihr eigenes Potenzial weiter auszuschöpfen, ohne sich dessen bewusst zu sein.

Es besteht ein wissenschaftlicher Konsens darüber, dass der Placebo-Effekt keine Täuschung, kein Zufall, keine experimentelle Verzerrung und keine statistische Anomalie ist. Vielmehr handelt es sich um eine sich selbsterfüllende Prophezeiung, bei der das menschliche Gehirn ein Ergebnis vorwegnimmt und dieses Ergebnis dann aus eigenem Antrieb hervorbringt. Der Placebo-Effekt folgt genau den Mustern, die man erwarten würde, wenn das Gehirn wirklich seine eigenen gewünschten Ergebnisse hervorbringen würde. Forscher haben dieses Phänomen veranschaulicht, indem sie zeigten, dass Placebos denselben Dosis-Wirkungs-Kurven folgen wie echte Medikamente. Zwei Pillen verschaffen mehr Linderung als eine, eine größere Pille hat eine stärkere Wirkung als eine kleinere, und so weiter.

Wenn man sich mit dem Placebo-Effekt beschäftigt, wird schnell klar, wie mächtig unser Verstand ist. Unzählige Studien haben die Schlussfolgerung gestützt, dass der

Placebo-Effekt auf chemische Veränderungen in Form von Endorphinausschüttung zurückzuführen ist. Allein der Glaube, dass man 60 Prozent mehr erreichen kann, macht es möglich.

Abgesehen von Studien zur sportlichen Leistung sind die klassischen Beispiele für den Placebo-Effekt medizinische Studien, bei denen Personen Scheinpillen verabreicht werden, die aber ähnliche Wirkungen zeigen wie die Teilnehmer, die die tatsächlichen Medikamente oder Vitamine erhalten haben. Ein interessanter Fall ist, wenn Menschen Placebo-Schmerzmittel verabreicht bekommen und tatsächlich über eine Schmerzlinderung berichten. Die Tatsache, dass sich der Placebo-Effekt sogar auf Schmerzen auswirken kann, deutet darauf hin, dass jeder von unserem Gehirn gesteuerte Prozess durch eine positive Erwartungshaltung „ausgetrickst" werden kann.

Der Placebo-Effekt kann also offensichtlich zur Leistungssteigerung genutzt werden, aber wie lässt er sich auf die Selbstdisziplin anwenden?

Stellen Sie sich vor, wie sich Ihre Chancen, eine starke Sucht zu überwinden, je nach Ihrer Einstellung zu dieser Sucht verändern könnten. Wenn Sie glauben, dass es fast unmöglich sein wird und dass Sie vielleicht nicht dazu in der Lage sind, ist ein Scheitern sehr viel wahrscheinlicher, als wenn Sie davon ausgehen, dass Sie die Sucht überwinden werden. Das heißt nicht, dass Sie naiv sein und eine Herausforderung auf die leichte Schulter nehmen sollten, sondern vielmehr, dass Sie wahrscheinlich das Ergebnis bekommen werden, das Sie erwarten.

Bei allen Zielen, die Sie verfolgen, lassen sich Disziplinschwierigkeiten wahrscheinlich dadurch überwinden, dass Sie Ihre Erwartungen ändern. Die 40 %-Regel und der Placebo-Effekt zeigen letztlich, dass wir alle mehr können, als wir uns zutrauen. Wann immer Sie sich dabei ertappen, dass Sie Ausreden suchen oder es Ihnen an Disziplin mangelt, sollten Sie sich diese beiden Phänomene in Gedächtnis rufen und sich fragen, ob Ihre Ausreden berechtigt sind. Die Ursachen für mangelnde Disziplin liegen oft in unseren selbstgemachten Überzeugungen, dass wir etwas nicht können. Wenn Sie von sich selbst erwarten, dass Sie fähig, erfolgreich und diszipliniert sind, wird es umso wahrscheinlicher, dass Sie es auch sind.

Erregungskontrolle

Als Ergebnis von Hunderttausenden von Jahren der Evolution haben wir reflexartige und neurochemische Reaktionen auf Reize entwickelt, die oft höchst unerwünscht sind, wenn es um eine optimale Leistung geht. Wie im vorangegangenen Kapitel erwähnt, ist die Kampf-oder-Flucht-Reaktion eine davon - sie versetzt uns in einen Zustand massiver physiologischer Erregung und führt dazu, dass unser Verstand leerläuft und wir im Interesse des Überlebens zwangsläufig alle Disziplin und Willenskraft aufgeben. Diese Reaktionen trugen in der Vergangenheit tatsächlich zur Erhöhung der Überlebenschancen bei, aber leider haben sie in der modernen Gesellschaft keinen großen Nutzen mehr.

Die Fähigkeit, sich zu entspannen und zu konzentrieren, um Ablenkungen durch natürliche Stressreaktionen zu vermeiden, ist eine wesentliche Voraussetzung für Selbstdisziplin. Gewöhnliche Menschen können spontane Reaktionen wie zitternde Hände und schwitzende Handflächen nicht kontrollieren, weil diese Reaktionen durch starke Hormone wie Cortisol und Adrenalin verursacht werden. Wir schütten Hormone in großen Mengen aus, wenn wir unter hohem Stress stehen oder große Angst haben, und es ist für uns fast unmöglich, in dem Moment diese Ausschüttungen zu kontrollieren.

Für Navy SEALs kann es jedoch den Unterschied zwischen Leben und Tod bedeuten, wenn sie unerwünschten Reaktionen erliegen. Wie nicht anders zu erwarten, verfügen sie über einige Techniken, die ihnen helfen, auch in den gefährlichsten und stressigsten Umgebungen bei klarem Verstand zu bleiben. Eine dieser Techniken, die jeder leicht anwenden kann, ist das so genannte Box-Atmen oder Quadrat-Atmen (Mark Divine). Wenn SEALs erkennen, dass sie sich überfordert fühlen, gewinnen sie die Kontrolle zurück, indem sie sich auf ihren Atem konzentrieren - vier Sekunden lang einatmen, vier Sekunden lang halten, vier

Sekunden lang ausatmen, dann wieder vier Sekunden lang halten und dies so lange wiederholen, bis sie spüren, dass sich ihre Herzfrequenz verlangsamt und normalisiert.

Langsames und regelmäßiges Atmen hilft Ihnen, sich zu beruhigen, denn es wirkt den Auswirkungen der Stressreaktion Ihres Körpers in schwierigen Situationen entgegen. Wenn Sie gestresst sind, erhöhen sich Ihr Herzschlag und Ihre Atemfrequenz, um Ihr System mit mehr sauerstoffreichem Blut zu versorgen und Ihnen dabei zu helfen, sich dem Stressor entweder zu stellen oder vor ihm zu fliehen. Manchmal bleibt dieser Anstieg des Pulses und der Atemfrequenz jedoch auch nach der Bewältigung eines Stressfaktors bestehen, und zwar in einer größeren Intensität, als es in der jeweiligen Situation hilfreich wäre. Wenn Sie die Kontrolle über Ihre Atmung übernehmen und sie so lenken, dass sie einen langsamen, regelmäßigen Rhythmus beibehält, wirkt das wie ein Biofeedback-Mechanismus, der Ihren Geist und Ihren Körper dazu bringt, aus einem ängstlichen Zustand herauszukommen und sich zu entspannen.

Ein gestresster Geist ist ein ineffizienter und unkreativer Geist, daher ist es wichtig, dass Sie ruhig bleiben, wenn Sie Ihr volles Potenzial ausschöpfen wollen. Die Box-Atmung ist einfach umzusetzen, und wenn sie bei Navy SEALs funktioniert, dann wird sie auch bei uns anderen funktionieren. Die Technik selbst ist einfach, aber der wahre Schlüssel liegt darin, zu erkennen, wann Ihre Erregung außer Kontrolle gerät und Ihre Selbstdisziplin sabotieren könnte.

Wann immer Sie spüren, dass Ihr Herz zu rasen oder Ihre Handflächen zu schwitzen beginnen, versuchen Sie, sich auf Ihren Atem zu konzentrieren, um Ihre unerwünschten Reaktionen zu zügeln. Wenn es Ihnen gelingt, beim ersten Anzeichen von körperlicher Erregung oder Stress die Box-Atmung einzusetzen, wird es Ihnen gelingen, dies zu kontrollieren. Es ist einfacher, die Kampf-oder-Flucht-Reaktion zu stoppen, als sie zu steuern, wenn sie bereits außer Kontrolle geraten ist.

Auch Meditationsübungen, bei denen man sich oft auf den Atem konzentriert, haben eine ähnliche Wirkung, da sie den Kampf-oder-Flucht-Instinkt reduzieren.

Wie auch immer Sie vorgehen, die Kontrolle der Erregung kann einen großen Unterschied ausmachen. Vielleicht wenden Sie diese Technik an, wenn Sie das nächste Mal ängstlich vor Publikum stehen und eine Rede halten sollen, oder wenn Sie eine schwierige und wichtige Prüfung vor sich haben. Was auch immer Sie stresst, Sie werden es mit einem klaren Geisteszustand besser bewältigen können.

Größere Ziele gleich bessere Ergebnisse?

Beeinflusst der Ehrgeiz, mit dem man sich Ziele setzt, die Wahrscheinlichkeit, dass man erfolgreich ist? Zahlreiche Untersuchungen zu dieser Frage legen nahe, dass dies der Fall ist.

In „Erkenntnisse der Zielsetzungstheorie" stellen Edwin A. Locke und Gary P. Latham fest: *„Solange eine Person sich dem Ziel verpflichtet fühlt, über die erforderlichen Fähigkeiten verfügt, um es zu erreichen, und keine Zielkonflikte hat, besteht eine positive, lineare Beziehung zwischen der Schwierigkeit des Ziels und der Aufgabenleistung."*

Anders ausgedrückt: Wenn wir uns anspruchsvolle, aber realistische Ziele setzen, steigern wir unsere Leistung durch die Verfolgung dieser Ziele. Bescheidene Ziele spornen uns nicht so an wie schwierigere, was dazu führt, dass wir uns nicht ausreichend bemühen, sie zu erreichen. Es ist leicht zu erkennen, wie dies in den Rahmen der 40%-Regel der Navy SEALs passt - je mehr wir versuchen zu erreichen, desto mehr entdecken wir, wozu wir fähig sind.

Dieser Gedanke wird auch durch das Konzept des Flow unterstützt, das von dem Psychologen Mihaly Csikszentmihalyi entwickelt wurde. Er unterstellt, dass man, um einen Flow zu erreichen, d. h. einen Zustand energiegeladener Konzentration bei der Ausübung einer Tätigkeit, mit einem Ziel konfrontiert werden muss, das eine ausreichende Herausforderung für die Fähigkeiten der Person darstellt. Wenn das Ziel zu leicht zu erreichen ist, würde man sich wahrscheinlich langweilen und die Aufgabe aus Mangel an Interesse und Engagement aufgeben. Ist die Aufgabe oder das Ziel jedoch ehrgeiziger als das derzeitige Niveau der eigenen Fähigkeiten, ist man entschlossener und fühlt sich verpflichtet, sich anzustrengen, um das zu erreichen, was man sich vorgenommen hat. Dieser Prozess wird also wahrscheinlich zu persönlichem Wachstum und Fortschritt führen, da Sie sich bei der Arbeit an sich selbst voll engagieren, d. h. sich in einem Zustand des Flusses befinden.

Nehmen wir an, Sie werden bald ins Ausland reisen und wollen vorher noch etwas von der Landessprache lernen. Wissenschaftliche Erkenntnisse deuten darauf hin, dass ein ehrgeiziges Ziel wie das Erreichen eines mittleren Sprachniveaus innerhalb weniger Monate eher zu guten Ergebnissen führt als ein bescheidenes Ziel, bei dem man nur die Grundkenntnisse beherrscht. Der zeitliche Aufwand für Ersteres mag zwar höher sein, aber die Motivation, die nötige Disziplin aufzubringen, um das Ziel zu erreichen, ist bei einem größeren Ziel wahrscheinlicher.

Es gibt eine noch einfachere Regel, die von Grant Cardone entwickelt wurde und die Sie verwenden können, um zu bestimmen, wie hoch Sie Ihre Ziele setzen.

Sie ist als 10X-Regel bekannt und besagt, dass Sie sich Ziele setzen sollten, die zehnmal höher sind als das, was Sie glauben, erreichen zu wollen, und dann zehnmal mehr Maßnahmen ergreifen sollten, als Sie glauben, dass es notwendig ist, um diese Ziele zu erreichen.

Die 10X-Regel ist absichtlich übertrieben. Sie soll Sie dazu zwingen, Ihr Denken über Ihre eigenen Fähigkeiten und Ihre Handlungsabsichten zu ändern. Sie müssen erkennen, dass Ihre Gedanken und Handlungen Sie dorthin gebracht haben, wo Sie jetzt sind, und wenn Sie sich weiter entwickeln und mehr erreichen wollen, müssen Sie zuerst anfangen, weit über das hinaus zu denken und zu handeln, was Sie ursprünglich für die Norm hielten. Zehnmal mehr als *alles andere* kann schockierend oder unüberwindbar erscheinen, aber genau das ist vielleicht nötig.

Nehmen Sie als Beispiel die Gewichtsabnahme. Nehmen wir an, Sie wollen zehn Pfund abnehmen, aber nachdem Sie die 10er-Regel angewendet haben, planen Sie stattdessen, hundert Pfund abzunehmen. Vielleicht müssen Sie nicht hundert Pfund abnehmen, aber der springende Punkt ist, wie sich Ihre Herangehensweise in Abhängigkeit von Ihrem Ziel ändert. Um zehn Pfund abzunehmen, müssen Sie vielleicht für ein paar Wochen Ihre Ernährung und Ihr Training umstellen, aber danach können Sie leicht in alte Gewohnheiten zurückfallen. Hundert Pfund abzunehmen erfordert dagegen eine vollständige Umstellung des Lebensstils, was deutlich mehr Mühe und Disziplin erfordert, aber auch nachhaltige, langfristige Ergebnisse bringt.

Wenn man nur zehn Minuten im Auto sitzt, bereitet man sich nicht auf die Fahrt vor und schnallt sich vielleicht nicht einmal an. Aber inwiefern würden Sie sich anders auf die Autofahrt vorbereiten, wenn Sie wüssten, dass sie hundert Minuten lang dauern würde? Sie würden Musik vorbereiten, Snacks mitnehmen, volltanken und ganz sicher den Sicherheitsgurt anlegen.

Der Schlüssel ist, sich nicht unter Wert zu verkaufen. Glauben Sie daran, dass Sie zu mehr fähig sind, als Sie zunächst dachten, planen Sie, mehr zu erreichen, und führen

Sie diesen Plan dann mit Disziplin und Einsatz aus. Es ist üblich, Mittelmäßiges von uns zu erwarten, damit wir im Falle eines Scheiterns nicht so enttäuscht sind. Aber wenn Sie nicht bereit sind, nach mehr zu streben, werden Sie immer in der Mittelmäßigkeit verharren.

Die 10-Minuten-Regel

In Anbetracht unseres höher entwickelten Gehirns ist es vernünftig anzunehmen, dass der Mensch ein besserer Entscheidungsträger ist als alle anderen Primaten der Welt.

Es ist daher etwas überraschend, von einem berühmten Experiment der Harvard-Universität zu erfahren, bei dem die Disziplin von Menschen und Schimpansen getestet wurde. Der kritische Teil des Experiments bestand darin, dass die Forscher Schimpansen und Menschen vor die gleiche Wahl stellten: entweder sofort zwei Leckerbissen zu bekommen oder zwei Minuten zu warten und dann sechs Leckerbissen zu bekommen. Die Schimpansen entschieden sich in 72 Prozent der Fälle für das Warten, während die Menschen nur in 19 Prozent der Fälle zu warten pflegten. Schimpansen sind nicht schlauer als wir, woher kommt also diese kontraintuitive Diskrepanz bei der Entscheidungsfindung?

Nun, das Problem liegt eigentlich darin, wie entwickelt unser Gehirn ist. Wir denken zu viel über Entscheidungen nach, bei denen die Antworten eigentlich auf der Hand liegen, und wir sind in der Lage, schlechtes Verhalten zu rationalisieren, das uns wünschenswerterer Ergebnisse beraubt. Wir sind uns selbst nicht immer sicher, was ein echter Grund für unser Zögern ist und was nur eine Rechtfertigung oder Ausrede. Sie können sich vorstellen, wie sehr dies unsere allgemeine Effizienz beeinträchtigt.

Hier kommt die 10-Minuten-Regel ins Spiel: Wenn Sie etwas wollen, warten Sie mindestens zehn Minuten, bevor Sie es bekommen. Sie ist einfach und lässt keinen Raum für Diskussionen oder Ausreden. Wenn Sie ein Verlangen verspüren, zwingen Sie sich, zehn Minuten zu warten, bevor Sie dem Verlangen nachgeben, egal was es ist. Wenn Sie nach zehn Minuten immer noch

Lust darauf haben, dann geben Sie dem nach. Oder warten Sie noch zehn Minuten, denn Sie haben es bereits getan und es gut überstanden. Indem Sie sich entscheiden zu warten, entfernen Sie das „Sofort" aus der unmittelbaren Befriedigung - das fördert die Disziplin und verbessert die Entscheidungsfindung.

Ähnlich verhält es sich, wenn Sie mit etwas Nützlichem aufhören wollen, z. B. mit dem Sport oder einem kreativen Projekt, dann warten Sie noch zehn Minuten. Das ist derselbe Gedankengang, nur auf andere Weise angewandt. Zehn Minuten sind nichts, also können Sie problemlos noch so lange weitermachen. Und wenn Sie es einmal getan haben, ist es leicht, es zu wiederholen, nicht wahr?

Eine weitere nützliche Anwendung dieses Gedankengangs ist die gezielte Steigerung guter Gewohnheiten. Wenn Sie etwas Produktives tun, könnten Sie es fünf Minuten länger tun, nachdem Sie das erste Mal den Drang verspürt haben, damit aufzuhören. Beim nächsten Mal machen Sie dann sechs oder sieben Minuten länger, und so weiter. Jedes Mal, wenn Sie sich abgelenkt fühlen, üben Sie sich einfach ein paar Minuten länger in Disziplin, und mit jeder Steigerung werden Sie Ihre Selbstdisziplin stetig verbessern.

Es ist nicht leicht, diszipliniert zu sein. Oftmals müssen wir unsere Instinkte und natürlichen Stressreaktionen mit Vernunft bekämpfen. Aber selbst Navy SEALs, die zu den selbstbeherrschtesten Menschen der Welt gehören, wurden nicht mit Konzentration und Disziplin geboren.

SEALs bauen ihre Disziplin auf eine Weise auf, die jeder von uns auf sein eigenes Leben anwenden kann. Die Intensität ihres körperlichen Trainings sorgt dafür, dass sie sich auf die 40-Prozent-Regel verlassen, so dass sie immer in der Lage sind, über ihre gefühlten Grenzen hinauszugehen. Sie lernen, in stressigen Situationen konzentriert und ruhig zu bleiben, so dass es nicht zu irrationalen Disziplinaussetzern kommt. Und sie sind in der Lage, sich hohe Ziele zu setzen und Pläne zur Erreichung dieser Ziele zu verwirklichen, ohne dem Wunsch nach sofortiger Befriedigung nachzugeben und auf dem Weg dorthin in Fallen zu tappen.

Jeder von uns ist in der Lage, ein diszipliniertes Leben zu führen; die SEALs liefern lediglich eine Vorlage, um dies zu erreichen.

Fazit

- Navy SEALs, eine Eliteeinheit der US-Marine, werden regelmäßig als Meister der Willenskraft angepriesen, weil ihr Maß an Selbstbeherrschung und Disziplin in Kampfsituationen über Leben und Tod entscheiden kann.
- Navy SEALs haben mehrere Taktiken, die sie immer wieder anwenden. Die bekannteste davon ist die 40%-Regel. Diese Regel besagt, dass man in dem Moment, in dem man glaubt, körperlich oder psychisch am Ende zu sein, in Wirklichkeit erst 40 Prozent seiner vollen Leistungsfähigkeit erreicht hat. Wenn Sie nach dieser ersten Ermüdungsphase den Schmerz akzeptieren und sich weiter anstrengen, werden Sie feststellen, dass Sie durchhalten und weitermachen können, da Sie noch 60 % Ihrer Kapazität zur

Verfügung haben. Es geht nur um die Einstellung und den Glauben an Ihre Fähigkeit, mehr zu erreichen.
- Eine weitere Taktik zur Disziplinierung ist die Box-Atmung, um Erregungskontrolle zu entwickeln. Wenn Sie mit einem Stressor konfrontiert werden, setzt eine Kaskade von neurochemischen Reaktionen ein, die Sie in einen Zustand der Übererregung versetzen, der Ihre Fähigkeit zur Selbstkontrolle einschränkt. Um sich wieder zu normalisieren, sollten Sie die Box-Atmung anwenden, bei der Sie jeweils viermal einatmen, den Atem anhalten, ausatmen und wieder den Atem anhalten.
- Wenn Sie sich große Ziele setzen und dabei die 10er-Regel anwenden, können Sie auch Ihre Fähigkeit zur Selbstdisziplin maximieren. Sie haben ein Ziel? Multiplizieren Sie es mit zehn. Wenn Sie sich Ziele setzen, die sowohl realistisch als auch herausfordernd sind, strengen Sie sich an und steigern Sie Ihre Leistung, um sie zu erreichen.
- Die 10-Minuten-Regel ist eine weitere wirksame Strategie zur

Selbstdisziplinierung, vor allem, wenn Sie von Versuchungen heimgesucht werden. Wenn Sie sich nach etwas sehnen, warten Sie mindestens zehn Minuten, bevor Sie sich entscheiden, der Versuchung nachzugeben. Diese Taktik nimmt der unmittelbaren Befriedigung das „Sofort" und zeigt Ihnen, dass Sie das Zeug dazu haben, Ihrem Verlangen zu widerstehen.

Kapitel 4. Diagnose von Disziplinarmängeln

Disziplin ist eine wesentliche Fähigkeit, die man sich aneignen muss, wenn man seine großen Ziele und Bestrebungen im Leben erreichen will. Die meisten Menschen verstehen dies intuitiv, und doch sind die meisten Menschen nicht annähernd so diszipliniert, wie sie es sein müssten, um ihr Potenzial auszuschöpfen. Warum ist das so? Verweigern wir uns einfach alle?

In Wahrheit wissen wir alle instinktiv, was wir tun müssen, um uns zu verbessern und besser zu werden. Wir alle haben die besten Absichten. Wir lassen uns nur leichter vom Kurs abbringen, als uns vielleicht bewusst ist. In diesem Kapitel geht es nicht darum, die Schuld auf äußere Faktoren zu schieben, sondern vielmehr darum, sich der heimtückischen, verborgenen Gegebenheiten bewusst zu werden, mit denen Ihre Selbstdisziplin sabotiert werden kann. Was passiert in Ihrem Alltag, das Sie daran hindert, Ihre Ziele voll und ganz zu verfolgen, und Sie dazu bringt, negative Verhaltensmuster zu wiederholen? Vieles.

Vielleicht haben Menschen in Ihrem sozialen Umfeld einen schlechten Einfluss auf Sie. Vielleicht haben Sie auch negative Denkmuster oder schädliche Gewohnheiten, die Sie entwickelt haben, ohne sich der Schwierigkeiten bewusst zu sein, die sie Ihnen bereiten würden. Vielleicht haben Sie Annahmen über Ihre Fähigkeit zur Disziplin oder die falschen Motivationen oder Ziele, auf die Sie hinarbeiten. Was auch immer das Problem ist, Sie können es sicher ändern. Dieses Kapitel wird Ihnen dabei helfen, die Disziplinbremsen zu verstehen und das zu überwinden, was Sie zurückhält.

Syndrom der falschen Hoffnung

Eine der häufigsten Fallen bei der Disziplinierung ist der Glaube, dass es einfach sein wird, unsere Verhaltensmuster zu ändern - dies wird als Syndrom der falschen Hoffnung bezeichnet. Infolge dieses Glaubens neigen wir dazu, unrealistisch hohe Erwartungen an uns selbst zu haben, die ein Scheitern geradezu garantieren. Wir unterschätzen regelmäßig, wie schwierig es ist, aus schlechten Gewohnheiten auszubrechen, und stellen uns vor, wie wir durch Widrigkeiten segeln, als ob wir in einer idealen Welt ohne Versuchungen leben würden. Wenn wir uns zu viele falsche Hoffnungen machen, neigen wir eher dazu, zu scheitern, und verfestigen uns häufig in dem Verhalten, das wir ändern wollen.

Der Psychologieprofessor Peter Herman befasst sich mit Disziplin und Selbstverbesserung und hat zusammengefasst, warum wir so häufig scheitern, selbst wenn wir gute Absichten und Motivation haben. Er erklärte, dass viele Menschen dazu neigen, drastische und nicht nachhaltige Veränderungen anzustreben, was unweigerlich zum Scheitern führt. Übertriebener Ehrgeiz ist oft eine Folge davon, dass man die Schwierigkeit, ein Ziel zu erreichen oder eine Veränderung vorzunehmen, unterschätzt.

Vielleicht sind Sie sich im Moment über Ihre tiefsten Wünsche und den Weg dorthin im Klaren, aber wenn der Stress und die Schwierigkeiten des Alltags eintreten, verschwindet diese Klarheit und wird durch vertraute Versuchungen und Fallstricke ersetzt. Mit anderen Worten: Die Ziele, auf die Sie hinarbeiten, können leicht durch emotionale Impulse in den Hintergrund gedrängt werden, die vorübergehende Unannehmlichkeiten lindern – das ist genau das, was Sie nicht bedenken.

Bedeutende Veränderungen und das Erreichen großer Ziele geschehen nicht von heute auf morgen. Um diesen Prozess am Laufen zu halten, sind in der Regel positives Feedback und greifbare Fortschritte erforderlich, die Sie wahrscheinlich nicht bekommen, wenn Sie unrealistische Erwartungen an sich selbst gestellt haben.

Nehmen Sie zum Beispiel das Rauchen von Zigaretten - eine Gewohnheit, die sowohl physisch als auch psychisch süchtig macht. Es ist extrem schwierig, mit dem Rauchen aufzuhören. Wenn Menschen es versuchen und scheitern, fühlen sie sich oft entmutigt und rauchen wieder wie zuvor. Sie setzen sich ein viel zu ehrgeiziges Ziel, und jeder Ausrutscher ist gleichbedeutend mit einem Scheitern. Sie bringen sich selbst in eine Situation, in der sie nicht gewinnen können.

Wie wäre es, wenn Menschen, die mit dem Rauchen aufhören wollen, sich stattdessen das Ziel setzen würden, das Rauchen im ersten Monat um die Hälfte zu reduzieren, im zweiten Monat noch einmal um die Hälfte, und so weiter? Nach ein paar Monaten würde der Drang zu rauchen viel seltener werden, und die Wahrscheinlichkeit, erfolgreich mit dem Rauchen aufzuhören, wäre viel größer - und das alles wegen eines erreichbaren Ziels.

Eine erfolgreiche Reduzierung von fünfzig Zigaretten pro Woche auf fünfundzwanzig im Laufe eines Monats ist ein weitaus nachhaltigeres Ziel als der sofortige Übergang von fünfzig auf null. Wichtig ist, dass diese Fortschritte ein konstantes positives Feedback liefert, das Sie zum Weitermachen motiviert. Es gibt Ihnen auch die Zeit, sich auf Ihre Denk- und Verhaltensmuster zu konzentrieren und um neue neuronale Bahnen in Ihrem Gehirn zu entwickeln, die es Ihnen ermöglichen, Ihre Gewohnheit stetig zu ändern.

Der Schlüssel dazu ist, dass Sie Ihre Hoffnungen auf Veränderung mit der Realität und der Selbsterkenntnis in Einklang bringen. Bevor Sie sich erreichbare Ziele setzen können, müssen Sie zunächst eine realistische Vorstellung von Ihren Fähigkeiten und Grenzen, Ihren Stärken und Schwächen, Ihren Interessen und Langeweile-Auslösern haben. Wenn Sie sich über diese Eigenschaften im Klaren sind, sind Sie besser in der Lage, Ihre Ziele genau zu definieren und Ihre Aufgaben so zu strukturieren, dass sie herausfordernd genug sind, um Sie auf dem Weg des Fortschritts zu halten, aber nicht so ehrgeizig, dass Sie sich falsche Hoffnungen machen und am Ende enttäuscht sind, wenn Sie sie nicht erreicht haben.

Eine Möglichkeit, mehr Selbsterkenntnis zu erlangen in Bezug auf Ihre Fähigkeit, ein

Ziel zu erreichen, besteht darin, einen Ausflug in die Vergangenheit zu machen. Versuchen Sie dabei, Muster in der Art und Weise zu erkennen, wie Sie in der Vergangenheit bei der Verwirklichung von selbst gesteckten Zielen, erfolgreich waren oder gescheitert sind. Es kann hilfreich sein, solche bedeutsamen Momente aufzuschreiben und sich Notizen zu den Fähigkeiten und Eigenschaften zu machen, die Ihnen geholfen haben, einige Ziele zu erreichen, sowie zu den Faktoren, die zu Ihrem Misserfolg beigetragen haben, wenn Sie das Ziel verfehlt haben. Wenn Sie genug von diesen Erfahrungen notiert haben, versuchen Sie herauszufinden, ob es einen roten Faden bei Ihren Erfolgen und einen gemeinsamen Faktor bei Ihren Misserfolgen gibt. In Zukunft können Sie jedes Ziel, das Sie sich setzen, in diesem Licht betrachten und es entsprechend ändern, um sicherzustellen, dass Sie die richtigen Ziele auf der Grundlage Ihrer wahren Fähigkeiten und nicht auf der Grundlage falscher Hoffnungen setzen.

Wie setzen Sie Ihre Ziele für Disziplin und alles andere auf der Grundlage dessen, was Sie aus Ihrer Selbstreflexion ableiten können? Entsprechen sie Ihren derzeitigen Fähigkeiten oder basieren sie auf einer idealen Version von Ihnen, die auf keinerlei Hindernisse stoßen wird? Um diszipliniert zu bleiben, ist es wichtig, dass Sie sich keine falschen Hoffnungen machen.

Realistische Überlegungen zur Aufrechterhaltung Ihrer Fortschritte sind für die Selbstdisziplin ebenso wichtig wie Motivation und Inspiration. Das macht Sie vielleicht im Moment nicht so glücklich und erfordert vielleicht sogar, dass Sie Ihr Ego ernsthaft neu ausrichten, aber es wird Sie zweifellos zu dem Ergebnis führen, das Sie sich wünschen.

Prokrastination versus Disziplin

Aufschieben ist der Feind der Selbstdisziplin, denn oft rechtfertigen wir unsere Untätigkeit damit, dass wir auf „perfekte" Bedingungen warten, um eine Tätigkeit auszuführen. Es ist zum Beispiel leicht, den Gang ins Fitnessstudio zu verschieben, weil die Waden müde sind oder es draußen regnet. Nur weil die Bedingungen nicht perfekt sind, ins Fitnessstudio zu gehen, heißt das nicht, dass Sie ganz darauf verzichten sollten. Das sind nur Ausreden.

Was Sie tun sollten, um Ihre Selbstdisziplin zu verbessern, ist einfach. Hören Sie auf zu warten, bis Sie „bereit" sind oder bis sich alles „richtig" anfühlt, bevor Sie Ihre Ziele verfolgen oder Ihre Gewohnheiten ändern. Untätigkeit geht Hand in Hand mit Ausreden und sabotiert Ihre Chancen, letztendlich erfolgreich zu sein. Wenn sich alles bequem und richtig anfühlt, ist es bereits zu spät und Sie haben zu lange gewartet.

Das leuchtet Ihnen vielleicht nicht sofort ein, aber überlegen Sie, warum das so ist. Wenn Sie nämlich jetzt Ausreden und Rationalisierungen finden, was wird Sie dann in Zukunft davon abhalten, sie zu finden? Wann hatten Sie jemals die perfekten Umstände im Leben, unter denen es Ihnen unmöglich war, eine Ausrede oder Rechtfertigung für weiteres Zögern zu finden? Wenn Sie ehrlich sind, noch nie.

Jemand, der das Rauchen aufgeben will, könnte beschließen, in ein paar Wochen aufzuhören, weil die Arbeit dann weniger stressig ist. Aber selbst dieser scheinbar logische Aufschub ist schädlich, denn er kann buchstäblich jederzeit und überall gelten. Jedes Mal, wenn Sie darauf warten, dass sich die Umstände verbessern, sagen Sie sich, dass Sie jetzt nicht fähig sind. Und diese Einstellung wird sich auch nicht ändern, wenn sich Ihre Situation tatsächlich verbessert - Sie werden einfach etwas anderes finden, das Sie zurückhält.

Man wird immer Zweifel haben, wenn man versucht, etwas Wichtiges zu tun. Alles, was es wert ist, getan zu werden, birgt unweigerlich ein gewisses Risiko in sich und weckt daher Zweifel bei denen, die es versuchen oder auch nur daran denken. Wenn man eine Herausforderung annimmt, fühlt man sich gleichzeitig von der freudigen Erwartung dazu hingezogen, aber auch von der Ungewissheit zurückgehalten. Es ist ganz natürlich, dass man sich fragt, ob man bereit oder qualifiziert genug ist, etwas Schwieriges zu tun oder ein Hindernis zu überwinden, das man noch nie zuvor überwunden hat.

Sie können für die Zukunft planen und den Start hinauszögern, so viel Sie wollen, aber das Beste, was Sie tun können, ist, einfach anzufangen. Ganz gleich, ob es darum geht, gesund zu werden, ein Buch zu schreiben oder ein Unternehmen zu gründen - der beste Zeitpunkt für einen Anfang ist jetzt. Es gibt fast keinen perfekten Zeitpunkt, auf den Sie warten sollten. Wenn Sie warten, bis Sie mehr Geld, Ressourcen oder Erfahrung haben, erhöht das nur selten Ihre Chancen, das Ziel in der Zukunft zu erreichen. Sie haben nur dann eine Chance, erfolgreich zu sein, wenn Sie damit angefangen haben, und die Details können Sie immer noch auf dem Weg herausfinden.

Es gibt auch den in der Gesellschaft weit verbreiteten Mythos, dass wir nach Perfektion streben sollten. Auch das führt zu Prokrastination, weil es eine lähmende Angst vor dem Versagen erzeugt, die uns daran hindert, überhaupt etwas zu beginnen. Wenn Sie Prokrastination und das Streben nach Perfektion als das erkennen, was sie sind - Hindernisse auf dem Weg zu Disziplin und Erfolg -, geben Sie sich selbst die Möglichkeit, zu handeln.

Eine gesunde Heuristik zur Bekämpfung von Zaudern und Perfektionismus ist die so genannte 75 %-Regel. Handeln Sie einfach, wenn Sie nur zu 75 Prozent sicher sind, dass Sie richtig oder erfolgreich sein werden. Die Wahrheit ist, dass Sie sich nie zu 100 Prozent sicher sein werden, und wenn Sie bei 75 Prozent sind, sind Sie in der Regel mehr als bereit und haben sogar schon abnehmende Erträge.

Wenn man über Disziplin nachdenkt, wird man nicht diszipliniert, so sehr wir uns das auch wünschen mögen. Disziplin entsteht nur durch konsequentes Handeln. Wenn Sie also irgendwo um die 75-Prozent-Schwelle herum sind, ist es an der Zeit, sich zu Ihren Entscheidungen und Handlungen zu bekennen.

Nehmen wir zum Beispiel an, Sie wollen einen Marathon laufen, sind aber nicht sehr fit. Die Wahrscheinlichkeit, dass Sie einen ganzen Marathon sicher laufen können, ist verschwindend gering. Aber die Wahrscheinlichkeit, dass Sie zwei Meilen sicher laufen können, ist wesentlich größer, vielleicht an der 75-Prozent-Schwelle. Dort würden Sie also mit Ihrem Training beginnen. Sie fühlen sich vielleicht noch nicht bereit für zwei Meilen, aber Sie glauben, dass Sie es wahrscheinlich schaffen können, und der erste Schritt ist immer der wichtigste.

Wenn Sie eine Zeit lang täglich zwei Meilen gelaufen sind, haben Sie vielleicht eine 75-prozentige Wahrscheinlichkeit, einen Halbmarathon laufen zu können. Wenn Sie so weitermachen, haben Sie irgendwann die gleiche Wahrscheinlichkeit für einen ganzen Marathon. Durch diese Aufteilung eines großen Ziels in kleinere Ziele wird es für Sie realistisch, sofort anzufangen und bei jedem Schritt diszipliniert zu bleiben, ohne sich durch Misserfolge entmutigen zu lassen.

Wenn Sie immer Angst vor dem Scheitern haben oder Ihre Disziplin von äußeren Umständen abhängig machen, werden Sie einfach nicht den erhofften Erfolg haben. Es braucht einen realistischen Ansatz und die Bereitschaft, ohne perfekte Bedingungen zu handeln, um Disziplin aufzubauen.

Vermeiden Sie Rationalisierungen

Wir alle neigen dazu, uns selbst auf die Schulter zu klopfen, weil wir in der Vergangenheit diszipliniert waren. Das lässt sich zwar damit begründen, dass man seine Willenskraft auffrischen, sich selbst Liebe erweisen oder einfach nicht zu streng sein will, aber in Wirklichkeit macht man damit oft einen Großteil der Fortschritte zunichte, für die man sich eigentlich belohnt.

Unser Verstand erfindet ständig Ausreden, um die Disziplin schleifen zu lassen. In einer Studie wurden die Teilnehmer zunächst gebeten, sich an eine Gelegenheit zu erinnern, in der sie wohltätig waren, und anschließend gebeten, eine Spende zu tätigen. Diejenigen, die sich daran erinnerten, in der Vergangenheit wohltätig gewesen zu sein, spendeten 60 Prozent weniger pro Person als diejenigen, die dies nicht getan hatten. Die Erinnerung daran, in der Vergangenheit wohltätig gewesen zu sein, führte dazu, dass sich die Menschen weniger gezwungen sahen, in der Gegenwart wohltätig zu sein, da sie sich bereits ein gutes Gefühl verschafft hatten oder glaubten, ihre soziale Verpflichtung erfüllt zu haben. Mit anderen Worten: Sie konnten sich aufgrund früherer Handlungen rational vor dem Spenden drücken.

Allein der Gedanke an das Gute, das sie getan haben, gab diesen Menschen das Gefühl, ihre Pflicht erfüllt zu haben, obwohl sie nichts weiter unternommen hatten. Genau das wird passieren, wenn Sie an Ihre vergangenen Erfolge denken: Sie werden diese Erinnerungen mit der Gegenwart verbinden, so dass Sie das Gefühl haben, nichts mehr tun zu müssen. Sie werden in der Lage sein, undiszipliniertes Verhalten zu rationalisieren, was Ihre Ziele untergräbt.

Das größte Hindernis besteht darin, zu erkennen, wann diese Tendenz auftritt, und sich selbst dafür zur Verantwortung zu ziehen. Unabhängig davon, wie sehr Sie das Gefühl haben, dass Sie eine Pause oder eine Belohnung für Ihr früheres Verhalten verdient haben, wirkt sich das Rationalisieren von mangelndem Bemühen oder das Erfinden von Ausreden schlicht und einfach negativ auf Ihre Disziplin aus. Jeder Moment oder jede Entscheidung steht für sich allein, und Sie können sich nicht auf vergangenes Verhalten „berufen". Wenn Sie bemerken, dass Sie vergangenes Verhalten nutzen, um kontraproduktive Handlungen in der Gegenwart zu rechtfertigen („Ich war gestern so gut, dass ich heute eine Pause machen kann"), hören Sie sofort damit auf und untergraben Sie nicht Ihren eigenen Fortschritt. Jedes Ereignis sollte für sich genommen betrachtet werden, und Sie erhalten keine Bonuspunkte, mit denen Sie sich schlechtes Verhalten erkaufen können.

Wenn Sie jemals Aussagen machen wie „Ich habe X getan, also kann ich Y", dann wissen Sie, dass Sie dazu neigen, zu rationalisieren!

Stellen Sie sich vor, Sie sind ein genesender Alkoholiker, der in ein Restaurant geht, um den Geburtstag eines Freundes zu feiern. Die Begründung, etwas zu trinken, wäre einfach - es ist Geburtstag, warum nicht feiern? Nach mehreren Monaten der Abstinenz kann ein Drink nicht schaden. Das sind die Erfolge, die Sie als Rechtfertigung für undiszipliniertes Verhalten anführen. Sie sehen, worauf das hinausläuft - nach dem ersten Drink bleiben die Monate, die Sie von Ihrem letzten Drink trennen, nicht mehr bestehen, so dass ein zweiter Drink viel leichter zu rechtfertigen ist. Ein Fehltritt reicht aus.

Ein Experiment an der Universität von Chicago verdeutlichte unsere Tendenz, Disziplinlosigkeiten selbst zu rationalisieren. Die Forscher rekrutierten Diätwillige und beglückwünschten sie zu ihren Fortschritten beim Erreichen ihres Zielgewichts. Danach wurden die Teilnehmer vor die Wahl gestellt, entweder einen Apfel oder einen Schokoriegel als Belohnung zu essen. Fünfundachtzig Prozent der Diätwilligen, die an ihre Fortschritte erinnert worden waren, zogen den Schokoriegel dem Apfel vor - schließlich, so argumentierten sie, hatten sie ihn sich verdient.

Die Momente, in denen man sich dabei ertappt, Ausreden zu suchen, sind vielleicht sogar die besten Gelegenheiten, um Disziplin zu üben. Die Diätetiker aus der letzten Studie waren gut darin, Versuchungen und Gelüsten zu widerstehen, wenn sie offensichtlich waren, aber ihre Disziplin ließ nach, wenn sie auf hinterhältige Weise herausgefordert wurde.

Wenn Sie sich dieser Tendenz bewusst sind und Ihre Disziplin aufrechterhalten, werden Sie in zweifacher Hinsicht belohnt: Sie sind einen Schritt weiter auf dem Weg zu dem Ziel, das Sie mit Hilfe Ihrer Disziplin erreichen wollen, und Sie werden Ihre Willenskraft stärken, indem Sie eine schwierige Prüfung durchstehen.

Parkinsonsches Gesetz

Menschen, die viel prokrastinieren, rechtfertigen sich u. a. damit, dass sie unter Zeitdruck besser arbeiten - „Ich bin am besten, wenn ich eine Frist habe!" Interessanterweise gibt es ein Gesetz, das sich auf Disziplin bezieht, das so genannte Parkinsonsche Gesetz, das diese Rechtfertigung bestätigt.

Das Parkinsonsche Gesetz besagt, dass sich die Arbeit so ausdehnt, dass sie die für ihre Erledigung zur Verfügung stehende Zeit ausfüllt. Welche Frist Sie sich auch immer setzen, ob lang oder kurz, so lange werden Sie brauchen, um Ihre Arbeit zu erledigen. Wenn Sie sich eine lockere Frist setzen, vermeiden Sie es, diszipliniert zu sein; wenn Sie sich eine knappe Frist setzen, können Sie auf Ihre Selbstdisziplin zurückgreifen.

Das Gesetz wurde von einem britischen Historiker namens Cyril Parkinson entwickelt, der diesen Trend zunächst während seiner Tätigkeit im britischen öffentlichen Dienst bemerkte. Er beobachtete, dass die Effizienz von Bürokratien mit zunehmender Ausdehnung eher ab- als zunahm. Je mehr Raum und Zeit den Menschen zur Verfügung stand, desto mehr nahmen sie in Anspruch - etwas, das, wie er feststellte, auch auf viele andere Umstände übertragbar war. Die allgemeine Formel des Gesetzes lautet: Je größer etwas ist, desto geringer ist seine Effizienz.

In Bezug auf die Disziplin stellte Parkinson fest, dass einfache Aufgaben zunehmend komplexer werden, um die für ihre Erledigung vorgesehene Zeit zu füllen. Die Kürzung der für die Erledigung einer Aufgabe zur Verfügung stehenden Frist führte dazu, dass diese Aufgabe einfacher und leichter wurde und schneller erledigt werden konnte.

Nur sehr wenige Menschen werden von Ihnen verlangen oder Sie gar bitten, weniger zu arbeiten. Wenn Sie also produktiver und effizienter sein wollen, müssen Sie vermeiden, selbst dem Parkinsonschen Gesetz zum Opfer zu fallen, indem Sie die Zeit, die Sie sich für die Erledigung von Aufgaben nehmen, künstlich begrenzen. Indem Sie sich einfach Zeitlimits und Fristen für Ihre Arbeit setzen, zwingen Sie sich dazu, sich auf die wesentlichen Elemente der Aufgabe zu konzentrieren. Sie können die Dinge nicht komplexer oder schwieriger machen, als sie sein müssten, nur um die Zeit zu füllen.

Nehmen wir an, Ihr Vorgesetzter gibt Ihnen eine Tabelle und bittet Sie, bis zum Ende der Woche einige Diagramme daraus zu erstellen. Die Aufgabe könnte eine Stunde dauern, aber nachdem Sie die Tabelle durchgesehen haben, stellen Sie fest, dass sie unübersichtlich und schwer zu lesen ist, also beginnen Sie mit der Bearbeitung. Dies dauert eine ganze Woche, obwohl die Tabellen, die Sie erstellen sollten, nur eine Stunde gedauert hätten. Hätte man Ihnen eine Frist von einem Tag gesetzt, hätten Sie sich einfach auf die

Diagramme konzentriert und alles Unwichtige ignoriert. Wenn man uns den Raum gibt, wie es das Parkinsonsche Gesetz vorschreibt, dehnen wir unsere Arbeit aus, um die Zeit zu füllen.

Setzen Sie sich ehrgeizige Fristen, damit Sie sich selbst regelmäßig fordern, und vermeiden Sie so diese Falle. Eine lange Frist bedeutet in der Regel auch ein anhaltendes Maß an Stress im Hintergrund - treiben Sie sich selbst dazu an, früher fertig zu werden und den Kopf frei zu bekommen.

Um zu erkennen, woher Ihre Disziplin kommt, müssen Sie vielleicht Ihre Handlungen genau analysieren. Auf welche Weise sind Sie Ihr eigener schlimmster Feind? Wenn Sie sich ein klareres Bild davon machen, an welcher Stelle Sie Ihre Disziplin selbst sabotieren, sollten Sie nicht vergessen, dass Disziplin von Natur aus unangenehm und schwierig ist. Sie brauchen realistische Erwartungen, damit Sie auf dem Weg dorthin nicht erschöpft oder entmutigt werden.

Disziplin als solche ist schon schwer genug - machen Sie sich bewusst, wie Sie es sich selbst schwerer machen, als es sein müsste.

Fazit

- Der bloße Wunsch, sich selbst zu disziplinieren, reicht nicht aus, um diese Gewohnheit tatsächlich zu entwickeln. Oft sind Sie von Faktoren umgeben, die Ihre Selbstdisziplin beeinträchtigen und es Ihnen erschweren, Ihre Zielen zu verfolgen. Der erste Schritt auf dem Weg zu mehr Selbstdisziplin ist es, die Faktoren zu erkennen, die Sie daran hindern, sich selbst zu disziplinieren.
- Es ist zwar wichtig, sich Ziele zu setzen, die anspruchsvoll genug sind, um Ihr Potenzial zu maximieren und Ihre Fähigkeiten voll auszuschöpfen, aber unrealistisch hoch gesteckte Ziele können mehr schaden als nutzen. Wenn Sie unter dem Syndrom der falschen Hoffnung leiden, haben Sie übertriebene Vorstellungen von Ihrer Fähigkeit, Ihre Verhaltensmuster zu ändern. Infolgedessen schießen Sie über Ihr Ziel hinaus und stellen sich selbst auf ein Scheitern ein. Untermauern Sie Ihre

Hoffnungen auf Veränderung stattdessen mit Selbsterkenntnis und Realitätsprüfung.

- Aufschieberitis, einer der häufigsten Feinde der Selbstdisziplin, kann aus einem lähmenden Streben nach Perfektion resultieren. Wenn Sie immer auf die perfekten Bedingungen warten, bevor Sie etwas tun, verschwenden Sie am Ende Zeit und führen nie die Maßnahmen durch, die zur Erreichung Ihrer Ziele notwendig sind. Um dem entgegenzuwirken, sollten Sie die 75 %-Regel anwenden. Anstatt auf eine 100-prozentige Gewissheit oder perfekte Bedingungen zu warten, sollten Sie mit dem Handeln beginnen, wenn Sie zu 75 Prozent sicher sind, dass Sie mit Ihrem Vorhaben Erfolg haben werden.
- Ihre Untätigkeit zu rationalisieren bzw. zu begründen - zum Beispiel mit dem Argument, dass Sie in der Vergangenheit genug getan haben und sich jetzt nicht mehr anstrengen müssen - ist eine Falle auf dem Weg zu einem disziplinierten Leben. Üben Sie Ihre Selbstbeherrschung und Disziplin genau in den Momenten, in denen Sie sich

dabei ertappen, wie Sie Ausreden für Ihre Untätigkeit finden.
- Das Parkinsonsche Gesetz, das besagt, dass sich die Arbeit so ausdehnt, dass sie die Zeit ausfüllt, die man für ihre Erledigung zur Verfügung hat, ist ein heimtückischer Disziplinverderber. Irgendwie passen Sie Ihren Elan und Ihre Energie automatisch an die Zeit an, die Ihnen für die Erledigung der Arbeit zur Verfügung steht. Setzen Sie sich also eher knappe Fristen als lockere, um Ihre Selbstdisziplin zu maximieren.

Kapitel 5. Den „unbequemen Muskel" anspannen

Selbstdisziplin ist von Natur aus unangenehm. Man würde sich niemals freiwillig dem Kampf um Disziplin aussetzen, wenn man nicht einen triftigen Grund dafür hätte. Wir hören nie davon, dass Menschen Disziplin brauchen, um Eis zu essen oder Videospiele zu spielen, zum Beispiel.

Es gibt nichts an Wissen, Gewohnheitsbildung, Denken oder

Visualisierung, die Selbstdisziplin bequem machen. Es ist einfach eine Tatsache, dass sich Disziplin wie eine lästige Pflicht anfühlen wird. Die entscheidende Größe, von der wir mehr brauchen, ist jedoch nicht unbedingt die Selbstdisziplin selbst - es ist das Maß an Unbehagen, das wir ertragen können. Diese Ausdauer ist das, was mit dem „unbequemen Muskel" gemeint ist - mentale Stärke zu nutzen, um die Instinkte zu überwinden und das zu wählen, was einfach, bequem und sofort befriedigend ist.

Dieser Prozess zielt darauf ab, einen stechenden Schmerz in ein dumpfes Ärgernis zu verwandeln, das man kaum spürt, oder in ein Hungergefühl, nach dem man sich geradezu sehnt, weil es bedeutet, dass man sich an seine Diät hält. Disziplin bedeutet, sich für vorübergehende Unannehmlichkeiten zu entscheiden, die einem auf lange Sicht helfen. Genauso wie das Hanteltraining einen vorübergehenden Kampf verursacht, der es den Muskeln ermöglicht, wieder stärker zu werden, macht die Wahl disziplinierter Handlungen und Entscheidungen auch Ihren „unbequemen Muskel" stärker. Wenn Sie es sich zur Gewohnheit machen, unbequeme

Situationen regelmäßig anzunehmen, kann sich dies positiv auf alle Aspekte Ihres Lebens auswirken.

Wenn Sie Ihre Sichtweise auf Unbehagen ändern und sich dafür entscheiden, es anzunehmen, erhalten Sie die mentale Stärke, um ungeachtet aller Schwierigkeiten, Versuchungen und Misserfolge, die Sie erleben, erfolgreich zu sein. Der Disziplin ist es egal, ob Sie erschöpft, gereizt oder sogar niedergeschlagen sind - gerade dann brauchen Sie sie am meisten. Die Ausübung von Disziplin trainiert Ihr Gehirn buchstäblich auf einen Modus der Beharrlichkeit.

Drang-Surfen

Es ist schwierig, Disziplin zu entwickeln, aber es gibt einige anerkannte Methoden, um dies zu *erleichtern*, indem man versteht, wie man die Stärke von Trieben und Versuchungen reduzieren kann. Eine dieser Methoden hat mit dem Umgang mit Trieben zu tun. Triebe sind definiert als Impulse, sich auf ein gewohnheitsmäßiges Verhalten oder eine frühere Sucht einzulassen, und sie äußern sich häufig durch körperliche Empfindungen, nicht nur durch Gedanken.

Der verstorbene Psychologe Alan Marlatt, ein Pionier auf dem Gebiet der Suchtbehandlung, entwickelte eine Methodik für den Umgang mit Trieben. Marlatts Technik wird passenderweise „Drang-Surfen" (engl. „Urge Surfing") genannt, wobei die Triebe mit Wellen im Meer verglichen werden, auf denen man surft, während sie an Intensität zunehmen, ihren Höhepunkt erreichen und dann schließlich zusammenbrechen.

Drang-Surfen kann als eine Übung zur Schulung der Selbstdisziplin und der mentalen Stärke betrachtet werden. Sie soll Sie lehren, wie Sie Unbehagen ertragen und Versuchungen widerstehen können.

Im nächsten Abschnitt wird das Drang-Surfen ausführlicher erklärt, aber hier finden Sie eine grundlegende Anleitung, damit Sie verstehen, was Drang-Surfen ist, bevor Sie fortfahren: Halten Sie bei dem, was Sie gerade tun, einen Moment inne und denken Sie an einen Drang, den Sie kürzlich verspürt haben. Was auch immer das

Verlangen war, denken Sie daran und achten Sie auf die körperlichen und emotionalen Empfindungen, die Sie dabei hatten. Geben Sie diesem Verlangen nach. Achten Sie darauf, wie sich diese Empfindungen mit der Zeit entwickeln. Konzentrieren Sie sich dabei sanft auf Ihren Atem, um das Verlangen zu überwinden, und stellen Sie sich vor, dass es Wellen sind, auf denen Sie surfen.

Wir neigen von Natur aus dazu, uns mit unseren Verlangen zu identifizieren, und das Surfen darauf hilft uns, unsere Identität von diesen Gewohnheiten und Tendenzen zu trennen, die wir korrigieren wollen. Anstatt zu denken: *„Ich will eine Zigarette"*, könnten Sie denken: *„Ich habe das Bedürfnis nach einer Zigarette"*. Es ist kein Teil von Ihnen, den Sie bekämpfen müssen, sondern eher ein **Gefühl**, das Sie erleben, beobachten und dann vorbeiziehen oder sich beruhigen lassen. Den Drang zu bekämpfen ist selten effektiv, aber wenn man den Drang neugierig beobachtet, ohne sich mit ihm zu identifizieren, hat man viel bessere Chancen, ihn zu überwinden.

Ein typisches Verlangen erreicht seinen Höhepunkt zwischen zwanzig und dreißig Minuten nach seinem Auftreten, *wenn Sie es bekämpfen.* Gegen den Drang anzukämpfen oder zu versuchen, ihn loszuwerden, ist kontraproduktiv, denn dadurch wird er in der Regel stärker und hält länger an. Außerdem verfestigt sich der Drang durch den Kampf gegen ihn und schwächt gleichzeitig Ihr Vertrauen in Ihre Fähigkeit, ihn in Zukunft zu ändern. Wenn Sie jedoch eine offene Haltung gegenüber Ihren Trieben einnehmen und sie beobachten, ohne sie zu bekämpfen, lassen sie viel schneller und müheloser nach.

Die Macht des Dranges kommt von der Bereitschaft, ihm nachzugeben, und nicht von den Süchten und Versuchungen selbst. Dieser Punkt wird von Patienten in Reha-Einrichtungen gut veranschaulicht. Sie stellen fest, dass der völlige Ausschluss von Suchtmitteln im Vergleich zu dem, was sie draußen erleben würden, zu bemerkenswert wenig Verlangen und Trieben führt. In diesen Einrichtungen werden die Patienten von ihren inneren Kämpfen befreit, ohne die es nichts gibt, was das Verlangen nährt. So gehen sie einfach vorbei.

Vielleicht können Sie sich nicht in eine Reha-Einrichtung einweisen lassen, um den inneren Kampf in Ihrem Streben nach Disziplin zu vollenden, aber das ist ein Grund mehr, sich im Drang-Surfen zu üben. Diese Technik versetzt Sie in eine Position der Macht über Ihre Triebe, die Sie nicht durch einen Machtkampf gewinnen, sondern durch bewusste Aufmerksamkeit, die jedoch mit einer vernünftigen Loslösung von dem, was Sie zu überwältigen versucht, verbunden ist.

Eine andere nützliche Metapher für diesen inneren Kampf ist, sich die Triebe als einen Wasserfall vorzustellen, wobei der Kampf gegen die Triebe dem Versuch gleichkommt, den Wasserfall aufzuhalten. Natürlich ist es unvermeidlich, dass der Wasserfall diese Blockade durchbricht, vielleicht sogar noch stärker als in seiner ursprünglichen Form, durch der Druck, der durch den Versuch, ihn zu blockieren, aufgebaut wurde. Achtsamkeit ist der Ausweg aus diesem unmöglichen Szenario, denn anstatt zu versuchen, den Wasserfall oder den Drang zu blockieren, tritt man von ihm weg und beobachtet ihn einfach. Es ist wichtig, diese Strategie zu erkennen, denn sie ist eine der wirksamsten Möglichkeiten, die Selbstwirksamkeit zu verbessern.

Das dem Drang-Surfen zugrunde liegende Prinzip ist mit den Weisheiten des Tao Te Ching verwandt, einem Werk, das hauptsächlich dem chinesischen Philosophen Lao Tzu zugeschrieben wird. Eine der Passagen in dem alten Text lautet: „Deshalb handelt die Meisterin, ohne etwas zu tun ... Dinge entstehen und sie lässt sie kommen; Dinge verschwinden und sie lässt sie gehen." Diese Kunst der ruhigen Akzeptanz - unabhängig von den Umständen um Sie herum oder den Trieben, die an Ihnen nagen - ist der Schlüssel zur Beherrschung der Praxis des Drang-Surfens.

Wenn es Ihnen gelingt, Ihre Einstellung zu Trieben und Versuchungen zu ändern und Neugier statt Angst, Widerstand oder Resignation zu entwickeln, werden Sie auch Ihr Verhalten ändern können. Untersuchen Sie wissenschaftlich Ihre eigenen Gewohnheiten. Sind Sie in der Lage, Ihre Triebe als Empfindungen zu betrachten, die

Sie zwar erleben, denen Sie aber nicht nachgeben können? Oder versuchen Sie, diese Triebe mit aller Kraft zu bekämpfen, so als ob Sie versuchen würden, einen starken Wasserstrahl mit bloßen Händen aufzuhalten? Solange Sie versuchen, Ihre Triebe zu bekämpfen, sind Sie zum Scheitern verurteilt. Wenn Sie lernen, sie zu akzeptieren und zu beobachten, können Sie auch zusehen, wie sie schnell wieder verschwinden.

Füttern Sie ungewollt Ihre Triebe?

Nachdem Sie erkannt haben, dass der Kampf gegen den Drang ein aussichtsloser Kampf ist, könnten Sie logischerweise denken, dass Sie versuchen sollten, früher in den Prozess einzugreifen. Dies kann geschehen, indem man sich ablenkt oder versucht, sich aus einem Drang herauszudenken.

Ähnlich wie bei der Bekämpfung von Trieben haben Ablenkungen und Rationalisierungen jedoch das Gegenteil von dem zur Folge, was Sie sich wünschen. Diese Techniken nähren die Triebe und verstärken sie, während sie gleichzeitig in

Ihrem Kopf die Illusion aufbauen, dass die Triebe nicht verschwinden, bis Sie ihnen nachgeben. Wenn der Kampf gegen die Triebe *und* die Ablenkung von ihnen unweigerlich scheitern, ist es verständlich, dass man sich geschlagen fühlt. Viele Menschen erreichen dieses Stadium und geben sich dem Gedanken hin, dass sie nicht in der Lage sind, schlechte Gewohnheiten zu ändern.

Sich von seinen Trieben abzulenken, mag logischerweise nicht als etwas erscheinen, das der Disziplin schadet. Viele Menschen betrachten Ablenkungen als eine Art selbstgeschaffenes Reha-Zentrum, in dem man seine Triebe reduziert, indem man die Gelegenheiten, ihnen nachzugeben, verringert. Leider funktioniert das im wirklichen Leben nicht so. Tatsächlich haben zahlreiche Studien der letzten Jahrzehnte gezeigt, dass die Unterdrückung von Gedanken, Gefühlen und Empfindungen diese letztlich noch verstärkt (Clark Ball & Pape 1991; Gold & Wegner 1995; Wegner, Schneider, Carter & White, 1987; Wegner, Schneider, Knutson & McMahon 1991; Cioffi & Holloway 1993).

Dieses Phänomen lässt sich leicht durch ein psychologisches Spiel veranschaulichen, das Sie wahrscheinlich schon einmal erlebt haben. Bei diesem Spiel geht es einfach darum, nicht an etwas Bestimmtes zu denken, nachdem jemand es erwähnt hat. Jemand könnte zum Beispiel sagen: „Was auch immer du tust, denke nicht an ein Nilpferd." Natürlich wird es mit jeder weiteren Erwähnung von Nilpferden noch unmöglicher, nicht an sie zu denken. Je mehr Sie versuchen, diesen Gedanken zu vermeiden, desto mehr verzehrt er Sie. Und so ist es auch mit dem Versuch, Triebe zu vermeiden.

Das soll nicht heißen, dass Ablenkungen und der Kampf gegen die Triebe nie funktionieren - manchmal schon. Aber selbst in diesen Fällen führt der Kampf dazu, dass Sie sich eher gereizt und genervt als entspannt und ruhig fühlen. Sie werden nicht in der Lage sein, Ihren Verstand auszutricksen und sich dabei gut zu fühlen, so sehr Sie es auch versuchen mögen.

Für die Zwecke dieses Buches sind wir nur an effektiven und nachhaltigen Lösungen interessiert. Im Fall der

Triebüberwindung ist diese Lösung das Surfen auf dem Trieb. Wenn Sie lernen, diszipliniert zu sein, gewöhnen Sie sich an das Unbehagen, mit einem Verlangen konfrontiert zu sein und ihm nicht nachzugeben. Es ist viel bequemer, unsere Triebe zu verurteilen und sie als Feind zu betrachten, aber diese Denkweise wird die Triebe, die wir beseitigen wollen, immer anerkennen.

Wenn Sie das nächste Mal einen Drang verspüren und bereit sind, die Drang-Surfen-Technik anzuwenden, folgen Sie diesen Schritten:

1. Nehmen Sie sich ein paar Augenblicke Zeit, um zu bemerken, wo in Ihrem Körper Sie den Drang verspüren. Genauso wie Sie beim Hören von Musik den Drang verspüren, mit den Füßen zu wippen oder mit dem Kopf zu wippen, können die meisten Triebe tatsächlich im Körper gespürt werden, wenn wir uns dessen bewusst sind.

2. Sobald Sie das Verlangen mit der Stelle in Ihrem Körper verbinden, an der es am stärksten empfunden wird, richten Sie Ihre Aufmerksamkeit auf diesen Bereich.

Beobachten Sie die Empfindungen, die Sie dort erleben.

3. Nehmen Sie ein bis zwei Minuten lang Ihren Atem wahr.

4. Stellen Sie sich vor, dass die Empfindungen, die Sie als Folge Ihres Drangs verspüren, eine Welle sind. Beobachten Sie, wie sich diese Welle hebt und senkt, wenn Ihr Drang seinen Höhepunkt erreicht und wieder abklingt.

5. Da der Drang unweigerlich vorübergeht, nehmen Sie zur Kenntnis, dass er vorübergehend ist. Wenn das nächste Mal ein Drang aufkommt, werden Sie viel mehr Vertrauen in Ihre Fähigkeit haben, ihn bis zum Ende durchzustehen.

Wichtig ist, dass Sie aus dieser Erfahrung lernen, dass alles, was Sie denken und fühlen, vorübergehend ist, auch Ihr Verlangen. Wenn Sie diese Tatsache vergessen, können sich Verlangen und Drang überwältigend anfühlen. Wenn Sie jedoch geduldig sind und darauf vertrauen, dass Sie ein vorübergehendes Verlangen aushalten können, bis es vorübergeht, werden Sie feststellen, dass dies weitaus effektiver ist als der Versuch, sich abzulenken oder das Verlangen direkt zu bekämpfen.

Wenn Sie das erste Hungergefühl in Ihrem Magen verspüren, denken Sie vielleicht, dass das Unbehagen nicht verschwinden wird, bis Sie etwas gegessen haben. Hunger ist auch einer der häufigsten Auslöser für Gereiztheit, denn es ist äußerst schwierig, produktiv zu sein, wenn man hungrig ist. Aber jeder, der schon einmal mit Fasten experimentiert hat, weiß, dass Hunger genauso vorübergehend ist wie jedes andere Verlangen.

Vielleicht bemerken Sie, dass Sie Hunger verspüren, wenn Sie sich langweilen oder bei der Arbeit eine Weile gesessen haben. Sie spüren vielleicht ein Ziehen im Magen, aber wenn Sie genau hinsehen, haben Sie nicht das Gefühl, dass Ihr Magen leer ist oder dass Sie dringend Kalorien brauchen, um sich zu stärken. Ein paar Minuten, in denen Sie den Hunger einfach akzeptieren und ihn nicht als striktes Zeichen dafür ansehen, dass Sie etwas essen müssen, können dazu führen, dass das Hungergefühl schnell verschwindet. Heißhungerattacken verschwinden und bedeuten nicht, dass man verhungern oder in Ohnmacht fallen wird.

Fangen Sie an, sich für Ihre Triebe zu interessieren und sie zu studieren oder mit ihnen zu experimentieren. Sie werden merken, dass Sie nicht aus den Trieben bestehen, die Sie spüren, solange Sie sie nicht bekämpfen oder ihnen erliegen. Solange Sie einfach nur beobachten, wie sie kommen und gehen, verlieren sie einen Großteil ihrer Macht, Ihr Verhalten negativ zu beeinflussen.

Üben Sie Unbehagen

Vielleicht erinnern Sie sich aus dem ersten Kapitel, dass Willenskraft wie ein Muskel ist, der ermüdet, je mehr man ihn in einer bestimmten Zeit benutzt. Das ist eigentlich eine gute Nachricht, denn wenn die Willenskraft wie ein Muskel ermüdet, bedeutet das, dass sie auch wie ein Muskel trainiert werden kann.

Die „Übung", die Ihr Grundniveau an Willenskraft am effektivsten erhöht, ist das Verlassen Ihrer Komfortzone. Dazu gehört, dass Sie sich selbst dazu drängen, regelmäßig Dinge zu tun, die Ihnen nicht ganz geheuer sind, damit Sie sich mit dem Gefühl des Unbehagens vertraut machen. Das Verlassen Ihrer Komfortzone ist wichtig, weil Sie dadurch lernen, dass die Dinge, vor denen Sie sich fürchten, gar nicht so schlimm sind, wie sie vielleicht scheinen. Jedes Mal, wenn Sie einen kleinen Schritt in dieser Lektion machen, steigen Ihre Toleranz für Unbehagen und damit Ihre Willenskraft.

Sie müssen sich in Ihrem täglichen Leben nicht unwohl fühlen, aber das Gefühl zu kennen, hilft Ihnen sicher, wenn Sie sich tatsächlich in Schwierigkeiten befinden. Sie können sogar selbst Angst und Unsicherheit erzeugen, wodurch sie kontrolliert und beherrschbar sind, um sich selbst vor Augen zu führen, dass Sie in der Lage sind, mit diesen Gefühlen umzugehen.

Jia Jiang hielt einen populären TED-Vortrag über seine persönliche Reise außerhalb seiner Komfortzone, in der er sich mit seiner Angst vor Ablehnung und der damit verbundenen sozialen Angst auseinandersetzte. Jiang wollte selbstbewusster werden, also machte er sich daran, sich gegen Ablehnung zu desensibilisieren, indem er hundert Tage hintereinander auf kleine und kontrollierte Weise Ablehnung suchte. Einige von Jiangs Übungen, seine Angst vor Ablehnung zu überwinden bestanden darin, sich von einem Fremden 100 Dollar zu leihen, einen „Burger nachzufüllen" und darum zu bitten, in jemandes Hinterhof Fußball spielen zu dürfen. Als die hundert Tage vorbei waren, war Jiang ein neuer Mensch mit mehr Selbstvertrauen und einer größeren Wertschätzung dafür, wie freundlich Menschen zueinander sind.

Jiangs Geschichte über die Überwindung der Angst vor Ablehnung ist übertragbar auf jeden. Ihre persönlichen Ängste und Unannehmlichkeiten sind auch Ihre Chancen, sich selbst herauszufordern. Wenn Sie gerne die Kontrolle haben, verbringen Sie einen Tag damit, sich anderen Menschen unterzuordnen. Wenn Sie sich lieber passiv verhalten, verbringen Sie einen Tag damit, sich zu behaupten und mehr Entscheidungen zu treffen. Was auch immer Sie gerne tun - tun Sie das Gegenteil.

Es ist nicht schwer, Unbehagen und Ungewissheit in das eigene Leben zu bringen. Sie könnten das Gericht auf der Speisekarte eines Restaurants bestellen, dessen Zutaten Sie noch nie gehört haben. Oder anstatt eine entspannende heiße Dusche zu nehmen, könnten Sie das Wasser auf kalt stellen und sich zwingen, darunter stehen zu bleiben, bis Sie Ihren Atem kontrollieren und Ihren Geist beruhigen. Fragen Sie Leute nach Rabatten, von denen Sie nicht glauben, dass Sie sie bekommen. Setzen Sie sich in ein Restaurant und gehen Sie wieder, nachdem Sie schon die Speisekarte erhalten haben - der Weg zur Tür wird Ihnen unglaublich lang vorkommen.

Schon etwas Spontanes oder Ungewöhnliches zu tun, kann Sie aus Ihrer Komfortzone herausbringen und Ihnen zeigen, dass es außerhalb Ihrer Komfortzone gar nicht so schlimm ist. Wenn Sie ungeschickt und unbeholfen sind und nicht gerne tanzen, gehen Sie in einen Tanzkurs. Das Schlimmste, was passieren kann, ist, dass ein paar andere Leute in einem Anfängerkurs erfahren, dass Sie nicht tanzen können - und es wird ihnen sicher egal sein. Ihre Bereitschaft, es überhaupt zu versuchen, wird Sie wahrscheinlich bei den anderen beliebt machen - ganz im Gegenteil zu der Peinlichkeit und Isolation, die Sie vielleicht befürchten.

Disziplin ist von Natur aus unangenehm, daher ist die Stärkung der Beziehung zum Unbehagen eine der besten Möglichkeiten, die Selbstdisziplin zu verbessern. Jeder Mensch hat andere Ängste, Unsicherheiten und Unannehmlichkeiten. Aber viele Menschen gehen durch ihr Leben, indem sie diese Dinge vermeiden und damit ihr eigenes Potenzial einschränken. Wenn Sie alle positiven Aspekte Ihres Lebens ausschöpfen wollen, können Sie damit beginnen, sich Ihren Ängsten und Unbehagen zu stellen.

Wenn diese Übung Ihre Willenskraft stärkt, können Sie beginnen, einige Ihrer weniger vorteilhaften Gewohnheiten und Abhängigkeiten zu ändern. Wenn Sie sich mit Ihrem Verlangen konfrontiert fühlen, werden Sie die mentale Stärke haben, dieser Versuchung zu widerstehen und stattdessen dieses Verlangen wie eine Welle surfen. Und wenn die Angst Sie dazu bring,

Ihren Trieben ganz aus dem Weg zu gehen, indem Sie sich von ihnen ablenken, dann ist die Angst manchmal eine Gelegenheit für positive Veränderungen.

Unbehagen und Kampf machen Sie zu dem, was Sie sind. Sie lesen dieses Buch, weil Sie disziplinierter sein wollen. Wenn Sie das durchziehen wollen, dann ist es an der Zeit, dass Sie sich mit Unbehagen anfreunden.

Fazit

- Selbstdisziplin fühlt sich oft wie eine lästige Pflicht an und ist im Wesentlichen ein Akt des Unbehagens, was es so schwer macht, sie konsequent zu praktizieren. Selbstdisziplin hat also viel damit zu tun, wie viel Unbehagen man ertragen kann. Wenn man seinen „unbequemen Muskel" ständig trainiert, kommt man schließlich an einen Punkt, an dem Selbstdisziplin sich nicht mehr wie ein stechender Schmerz anfühlt, sondern zu einem vertrauten Stupser wird.
- Eine der wirksamsten Methoden, um Unbehagen zu trainieren, ist das „Drang-Surfen", das sich als nützlicher erwiesen

hat als der Versuch, den Drang aktiv zu bekämpfen. Gegen die Triebe anzukämpfen ist in der Regel kontraproduktiv, da sie dadurch eher verstärkt werden und die Zeit, die Sie mit dem Versuch verbringen, sie loszuwerden, verlängert wird. Stattdessen ermöglicht Ihnen das Drang-Surfen, auf der Welle des Drangs zu „reiten", ohne ihn zu verurteilen, so dass er vorbeiziehen kann.
- Vermeiden Sie Ablenkungen und Rationalisierungen, um mit den Versuchungen fertig zu werden, denn diese Taktiken nähren das Verlangen und verstärken nur Ihr Bedürfnis, zu Ihren Gelüsten zurückzukehren, nachdem Sie so sehr versucht haben, ihnen zu entkommen.
- Identifizieren Sie sich nicht mit Ihren Trieben; Sie sind von ihnen getrennt, und Sie können beschließen, sie vorbeiziehen zu lassen. Sie können auf ihnen surfen als wären es Meereswellen, die zu Ihnen kommen, an Intensität zunehmen, ihren Höhepunkt erreichen und schließlich zusammenbrechen.
- Um die Technik des Drang-Surfens zu praktizieren, nehmen Sie wahr, wo sich

Ihr Drang in Ihrem Körper manifestiert, und richten Sie Ihre Aufmerksamkeit auf diese Stelle. Beobachten Sie einfach die Empfindungen dort und achten Sie ein oder zwei Minuten lang auf Ihren Atem. Stellen Sie sich diese Empfindungen wie eine Welle vor und beobachten Sie, wie sie aufsteigt und wieder abebbt. Wenn Ihr Verlangen vergeht, führen Sie sich vor Augen, wie vergänglich es ist, und erinnern Sie sich daran, wenn Sie das nächste Mal ein neues Verlangen verspüren.

- Beschäftigen Sie sich mit Aktivitäten, die es Ihnen erleichtern, sich mit dem Unbehagen vertraut zu machen. Üben Sie sich in Ablehnungstherapie oder versetzen Sie sich einfach in unangenehme Situationen, die Ihnen zeigen, dass Sie die Angst und andere negative Gefühle, die Sie erleben, kontrollieren und bewältigen können.

Kapitel 6. Schaffung eines disziplinierten Umfelds

Zu einer disziplinierten Lebensweise gehört mehr als die offensichtlichen Faktoren mentale Stärke und Willenskraft. Einer der größten Einflussfaktoren auf die Selbstdisziplin ist das Umfeld, in dem man sie ausübt. Umweltfaktoren können Disziplin entweder fördern oder schwächen, und es ist unwahrscheinlich, dass Ihre Umgebung überhaupt keine Rolle spielt.

Warum sollten Sie mit dem Feuer spielen, wenn Sie wissen, dass Ihr Umfeld Ihren Erfolg beeinflusst? Die Gestaltung und Aufrechterhaltung eines Umfelds, das der Selbstdisziplin förderlich ist, ist eine der einfachsten Möglichkeiten, Ihr Leben drastisch zu verbessern. So wichtig es auch ist, Ihre Willenskraft zu trainieren und aufzubauen, das wünschenswerteste Umfeld ist eines, in dem Sie sich nur selten auf Ihre Willenskraft verlassen müssen - Ihre gewünschte Handlung oder Ihr gewünschtes Ergebnis tritt einfach ein, weil es eine der einzigen Möglichkeiten ist.

Um Ihre Willenskraft zu erhalten, müssen Sie die Ablenkungen und Versuchungen beseitigen, die Sie vom Kurs abbringen. Wir alle verstehen das, wenn es offensichtlich ist - Sie würden zum Beispiel nicht in ein italienisches Restaurant gehen, das für seine hausgemachte Pasta bekannt ist, wenn Sie versuchen, Kohlenhydrate zu vermeiden. Wenn Sie in einem Fitnessstudio wohnen, haben Sie sicher mehr Erfolg beim Abnehmen als wenn Sie in einer Eiscremefabrik leben. Aber es gibt vielleicht auch einige weniger offensichtliche Methoden, mit denen Sie den Einfluss von Umweltfaktoren auf Ihre Selbstdisziplin verbessern können, und darum geht es in diesem Kapitel.

Das Testen und Aufbrauchen Ihrer Willenskraft sollte so weit wie möglich vermieden werden, wenn es nicht notwendig ist. Die Gestaltung der optimalen Umgebung ist mehr als die halbe Miete.

Minimierung von Ablenkungen

Wir denken oft, dass Ablenkungen unsere Freunde sein können, wenn es um Selbstdisziplin geht. Wenn die Willenskraft begrenzt ist, dann ist es besser, eine Pause einzulegen, sich zu erholen und sich von den Trieben und Versuchungen abzulenken. Aber wie genau kann man sich das wissenschaftlich erklären?

Baba Shiv, Professor für Marketing an der Stanford Graduate School of Business, führte eine Studie durch, die veranschaulicht, wie Ablenkungen uns beeinflussen. Shiv lenkte eine Gruppe von Teilnehmern ab, indem er sie aufforderte, sich eine Telefonnummer zu merken, und bat dann alle Studienteilnehmer, sich entweder für Schokoladenkuchen oder Obst zu entscheiden. Diejenigen, die versuchten, sich an Telefonnummern zu erinnern, entschieden sich 50 Prozent häufiger für den Kuchen als diejenigen, bei denen das nicht der Fall war. Die Schlussfolgerung daraus ist, dass Konzentration ein wesentlicher Bestandteil von Disziplin ist.

Wenn Sie ständig abgelenkt sind, erliegen Sie den Versuchungen, ohne auch nur eine Chance zu haben, Ihre Willenskraft einzusetzen. Es kommt Ihnen einfach nicht in den Sinn, und Sie wählen trotz Ihrer besten Absichten den Weg des geringsten Widerstands. Ablenkungen zehren schleichend an unserer Selbstdisziplin. Dieser Prozess kann im Hintergrund ablaufen, so dass wir gar nicht merken, dass unsere Disziplin nachlässt, bis es zu spät ist und alle unsere bisherigen Bemühungen umsonst waren.

Die Gestaltung der Kassen in den Supermärkten ist ein Paradebeispiel für die Ausnutzung von Ablenkung und schwindender Willenskraft. Man kann bei jedem Schritt im Supermarkt gesunde Entscheidungen treffen, aber an der letzten Ablenkung durch Süßigkeiten, Schokolade und Snacks an der Kasse kommt man nicht vorbei. Dies ist häufig der schwierigste Zeitpunkt, um diszipliniert zu sein, weil man so kurz davor ist, den Laden zu verlassen und weiterzudenken, und weil die

Artikel attraktiv und billig sind und man sie sofort kaufen kann.

Was können Sie mit diesem Wissen anfangen? Wenn Sie in einer unordentlichen Umgebung arbeiten, räumen Sie diese auf. Ein aufgeräumter Schreibtisch kann dazu beitragen, einen klaren Kopf zu bekommen, und ein klarer Kopf ist viel eher in der Lage, diszipliniert zu bleiben. Eine Studie der Cornell University liefert überzeugende Beweise für das Konzept *„Aus den Augen, aus dem Sinn"* als Mittel zur Verbesserung der Disziplin, und das gilt nicht nur für Ihren Schreibtisch.

Die Studienteilnehmer erhielten ein Glas mit Hershey's Kisses, das entweder durchsichtig oder undurchsichtig war und entweder auf ihrem Schreibtisch oder in einem Abstand von einem Meter aufgestellt wurde. Im Durchschnitt aßen die Teilnehmer 7,7 Küsse pro Tag aus den durchsichtigen Gläsern auf ihrem Schreibtisch, während sie 4,6 Küsse pro Tag aus den undurchsichtigen Gläsern am gleichen Ort aßen. Wenn die Gläser einen Meter entfernt standen, aßen die

Teilnehmer 5,6 Küsse pro Tag aus den durchsichtigen Gläsern und 3,1 pro Tag aus den undurchsichtigen Gläsern.

Überraschenderweise berichteten die Studienteilnehmer durchweg, dass sie das Gefühl hatten, mehr Küsse gegessen zu haben, wenn die Gläser in einem Abstand von drei Metern aufgestellt waren, obwohl das Gegenteil der Fall war. Diese Diskrepanz ist eine wichtige Information, weil sie einen einfachen Leitfaden zur Verbesserung der Disziplin liefert. Das heißt, Sie können die Faulheit zu Ihrem Vorteil nutzen, indem Sie Ihren Arbeitsplatz von Ablenkungen befreien. Sie können diese Ablenkungen vielleicht nicht völlig vergessen, aber je mehr Mühe es Sie kostet, einer Versuchung nachzugeben, desto geringer ist die Wahrscheinlichkeit, dass Sie es tun. Außerdem werden dadurch einige der kontraproduktivsten Disziplinlosigkeiten vermieden - die gedankenlosen, die wir nicht einmal bemerken, wenn wir sie begehen.

Es ist so viel einfacher, mit der Hand in die Keksdose zu greifen, ohne darüber nachzudenken, wenn die Dose leicht zugänglich und sichtbar ist. Das sind die Arten von Szenarien, die Sie vermeiden wollen, wenn Sie ein Umfeld für Disziplin schaffen. Wenn Sie die Keksdose in einen weit entfernten Schrank stellen, beseitigen Sie die Versuchung nicht ganz, aber Sie sorgen dafür, dass es viel Mühe kostet, der Versuchung nachzugeben. Das macht einen großen Unterschied.

Nehmen wir als weiteres Beispiel die Ablenkung durch die berüchtigtste aller modernen Ablenkungen - das Mobiltelefon. Während Sie an Ihrem Schreibtisch sitzen und an Ihrem Computer für einen bald fälligen Bericht tippen - oder es zumindest versuchen -, liegt Ihr Telefon direkt neben Ihrer Tastatur. Diese Anordnung macht es so einfach, dass Ihre Hand auf dem Handy landet, sobald Sie eine Pause machen, um darüber nachzudenken, was Sie als Nächstes tippen wollen, und schon sind Sie in einem endlosen Kreislauf aus Facebook-Memes, YouTube-Videos und WhatsApp-Chats mit Ihren Freunden gefangen.

Wenn Sie versuchen, sich auf eine Aufgabe zu konzentrieren, während Ihr Telefon in Sicht- und Reichweite ist und bei jeder Benachrichtigung surrt, erschöpfen Sie praktisch mit jeder Sekunde Ihre Willenskraft, den Versuchungen zu widerstehen. Abhilfe schaffen Sie, indem Sie die Ton- und Vibrationsfunktionen Ihres Telefons für Benachrichtigungen deaktivieren und Ihr Telefon in Ihrer Tasche oder Schublade aufbewahren. Sie können sogar noch einen Schritt weiter gehen, indem Sie Ihre Schublade abschließen oder Ihr Telefon in ein Schließfach auf der anderen Seite des Raumes legen. Der zusätzliche Aufwand und die Zeit, die Sie benötigen würden, um Ihr Telefon zu checken, wenn Ihre Aufmerksamkeit abschweift, reichen in der Regel aus, um Sie davon abzuhalten, dieser Ablenkung nachzugehen, und es gibt Ihnen die Möglichkeit, sich wieder auf die anstehende Aufgabe zu konzentrieren.

Letztendlich wollen Sie sich ein Umfeld schaffen, das frei von Ablenkungen und offensichtlichen Verlockungen ist. Sie können Ihre Disziplin drastisch erleichtern, indem Sie die gedankenlosen und mühelosen Disziplinlosigkeiten beseitigen, die durch eine nicht optimierte Umgebung ermöglicht werden. Dies gilt für Ihren

Schreibtisch, Ihren Arbeitsbereich, Ihr Büro, alles, was Sie von Ihrem Schreibtisch aus sehen können, und sogar für Ihren Computer-Desktop. Halten Sie sie so weit wie möglich frei von Ablenkungen und Sie werden sie einfach vergessen. Wenn Sie sich langweilen oder disziplinlos sind, haben Sie keine andere Wahl, als weiterzuarbeiten.

Dopamin regulieren

Immer wenn wir Freude empfinden, wird in unserem Gehirn ein Hormon namens Dopamin ausgeschüttet. Wie Sie wahrscheinlich wissen, wird Dopamin in der Regel mit Sex, Drugs and Rock'n'Roll (Sex, Drogen und Rock'n'Roll) in Verbindung gebracht - alles Dinge, die uns Menschen Spaß machen. Dopamin macht uns glücklich, und unser Gehirn lernt, die Aktivitäten zu mögen, die Dopaminausschüttungen verursachen. Da wir uns natürlich gerne gut fühlen, stellen wir oft unsere anderen Prioritäten zurück, um auf subtile Weise nach mehr Dopamin zu streben.

Das kann für gesunde Gewohnheiten, die eine Dopaminausschüttung bewirken, wie Sport, Meditation oder die Reduzierung des Zuckerkonsums, eine gute Sache sein. Aber es kann auch extrem schädlich sein - vor allem in der Welt der modernen Technologie und der sozialen Medien. Tatsächlich sind wir diesem Stoff heutzutage praktisch ununterbrochen ausgesetzt, denn alles, von verarbeiteten Lebensmitteln bis hin zu Internetpornografie, ist deshalb profitabel, weil es durch Anzapfen unseres Dopamin-Belohnungssystems süchtig machen kann.

Wenn Sie sich der schädlichen Auswirkungen ständiger Dopaminausschüttungen nicht bewusst sind oder nichts tun, um sie zu reduzieren, werden Sie oft von einem allgegenwärtigen Drang nach mehr Dopamin abgelenkt. Etwas so Einfaches wie die Überprüfung, wem Ihr letzter Beitrag in den sozialen Medien gefallen hat, kann sich schnell zu einem unwiderstehlichen Drang entwickeln, Ihre Feeds ständig zu aktualisieren. Einen Großteil Ihres Alltags verbringen Sie damit, gedankenlos nach kleinen Vergnügungen zu suchen und gleichzeitig die Dinge zu vernachlässigen, die Sie eigentlich tun sollten. Eine versteckte Dopaminsucht kann der Untergang Ihrer Disziplin und Produktivität sein.

Eine Reihe berühmter verhaltenspsychologischer Studien, die zuerst von dem Psychologen B. F. Skinner durchgeführt wurden, zeigte, dass Dopamin ein grundlegender Bestandteil der Bildung von Gewohnheiten ist - guten und auch schlechten. Skinner und die Psychologen, die später auf seiner Arbeit aufbauten, beobachteten viele interessante Verhaltensphänomene bei Ratten. Es zeigte sich, dass Ratten, denen Dopaminrezeptoren fehlten, Schwierigkeiten hatten, Gewohnheiten zu entwickeln. Im Gegensatz dazu drückten Ratten, denen ein Hebel gegeben wurde, der die Dopaminrezeptoren in ihrem Gehirn direkt stimulierte, innerhalb einer Stunde Tausende von Malen auf den Hebel und bevorzugten Dopamin dem Futter, Wasser, Sex und der Kinderbetreuung. Tatsächlich hätten die Ratten die Hebel bis zu ihrem Tod gedrückt, wenn die Wissenschaftler sie gelassen hätten.

Beim Menschen wird die Dopaminausschüttung nicht nur durch Freude verursacht, sondern auch durch die Erwartung von Freude. Vorhersehbarkeit kann uns leicht langweilen, aber neuartige Belohnungen halten uns auf Trab und lösen stärkere Dopaminreaktionen aus. Das ist ein wesentlicher Grund dafür, dass ein Verhalten so stark verstärkt wird, da die Stärke der Dopaminausschüttung mit dem Wunsch korreliert, das Verhalten zu wiederholen, das es ausgelöst hat. Ein offensichtliches Beispiel hierfür sind gefährliche Drogen wie Heroin, von denen manche Menschen schon nach einmaligem Konsum abhängig werden können, weil sie so stark auf Dopamin wirken.

Wie zeigt sich dies in unserem heutigen Leben? Die Interaktion in den sozialen Medien - Likes, Kommentare, Nachrichten und sogar das bloße Durchblättern eines Feeds - verschaffen uns kleine Dopaminschübe. Jedes Mal, wenn Sie das kleine rote Zeichen sehen, das eine weitere Benachrichtigung in Ihrem Social-Media-Konto anzeigt, bekommen Sie einen Dopamin-Hit. Viele Social-Media-Plattformen profitieren von der

„Verweildauer", d. h. von der Zeit, die Nutzer auf ihrer Plattform verbringen. Daher wurden diese Plattformen so optimiert, dass sie so viele Dopaminreaktionen wie möglich auslösen, denn süchtige Nutzer sind profitabel.

Es ist wichtig, über all diese Kämpfe und Machenschaften informiert zu sein, die darauf abzielen, unser Dopaminsystem anzuzapfen. Es ist also wichtig, deren Wirkung auf uns zu begrenzen und eine Umgebung zu schaffen, die Sie vor den Auslösern schützt, die diese Dopaminschübe auslösen.

Es ist jedoch praktisch unmöglich, sich dem Einfluss des angeborenen Dopamin-Belohnungssystems völlig zu entziehen. Der Schlüssel liegt also nicht in der Eliminierung, sondern im Management und in der Kontrolle darüber, wie Sie dieses Dopaminsystem zu Ihrem Vorteil einsetzen. Eine Schlüsselstrategie besteht darin, das Belohnungszentrum des Gehirns für Ihre eigenen Zwecke zu nutzen: Schaffen Sie sich Belohnungen für positives Verhalten, so dass Sie die gewünschten Gewohnheiten tatsächlich verstärken, anstatt von kleinen

Dopaminschüben abhängig zu sein, die Sie von Ihrem Tagesablauf ablenken. Dies könnte bedeuten, dass Sie sich Grenzen für die Nutzung sozialer Medien setzen und sich dann für jede vordefinierte Zeitspanne, in der Sie keine sozialen Medien nutzen, mit etwas belohnen, das Sie mögen. Vielleicht können Sie sich zum Beispiel erlauben, Ihre morgendliche Snackpause erst nach einer Stunde ununterbrochener Aufmerksamkeit für das Projekt, an dem Sie gerade arbeiten, einzulegen.

Drogenentzugseinrichtungen verwenden eine Art Lotteriespiel, das so genannte Fishbowl, um neue Belohnungen zu nutzen, die zu verstärktem Verhalten führen (Petry, 2003). Alle Patienten, die sich an ihre Therapie gehalten und einen Rückfall vermieden haben, dürfen in eine Lostrommel greifen und einen Zettel herausziehen. Einer hat vielleicht einen großen Preis wie 100 Dollar, andere haben kleinere Preise wie 10 oder nur 1 Dollar. „Mach weiter so!" Eine Studie hat ergeben, dass Patienten, die am Fishbowl-Spiel teilgenommen haben, in 83 Prozent der Fälle den Reha-Kurs abgeschlossen haben, während nur 20 Prozent derjenigen, die nicht teilgenommen haben, den Kurs beendet haben.

Sie können Ihr eigenes Fishbowl kreieren, um gute Gewohnheiten und Entscheidungen zu fördern. Das kann bedeuten, dass Sie eine Tätigkeit, die Sie ausführen müssen, die Ihnen aber keinen Spaß macht, mit einer Belohnung verbinden, und sei es nur ein Zettel, der zufällig aus einem Hut gezogen wird. Wenn es Ihnen schwerfällt, sich zum Sport zu motivieren, kann es einen großen Unterschied machen, sich mit einem Freund zum Sport zu verabreden. Sie verbinden das Training mit der Belohnung, sich mit jemandem zu treffen, den Sie mögen, und freuen sich darauf, ins Fitnessstudio zu gehen.

Denken Sie darüber nach, auf welche Weise Sie in Ihrem täglichen Leben zu den Verlockungen der Dopaminausschüttung verleitet werden, und versuchen Sie, diese Dinge so gut wie möglich zu Ihrem Vorteil zu nutzen. Wenn Sie bei der Arbeit Snacks essen, versuchen Sie, diese nur zu sich zu nehmen, wenn Sie einen Meilenstein erreicht oder eine wichtige Aufgabe erledigt haben. Setzen Sie kleine, schrittweise

Belohnungen ein, um gute Gewohnheiten zu verstärken, und Sie werden sehen, wie sich Ihr Verhalten und Ihre Selbstdisziplin dadurch verbessern.

Standardmäßig positive Handlungen und Verhaltensweisen

Um Ihr Umfeld für Selbstdisziplin zu optimieren, müssen Sie vor allem verstehen, wie automatisch die meisten Ihrer Entscheidungen sind.

Zur Veranschaulichung dieses Punktes sei auf die Ergebnisse einer in elf europäischen Ländern durchgeführten Studie über Organspender verwiesen. Die Daten zeigen, dass in Ländern, in denen die Bürger automatisch Organspender sind - es sei denn sie entscheiden sich aktiv dagegen - die Beteiligungsquote bei 95 % oder darüber liegt. In Ländern, in denen man nicht automatisch Organspender ist, lag die höchste Quote in allen elf Ländern bei nur 27 %. Letztlich entschieden sich die Menschen einfach für die Option, die den geringsten Aufwand erforderte. Ihre Entscheidung sagte nichts über ihre tatsächliche Absicht oder ihren Wunsch aus, Organspender zu sein.

Das gleiche Konzept der Vorliebe für die wünschenswertere Wahl kann auch auf die eigene Selbstdisziplin angewandt werden. Wir sind faul und nehmen gerne alles hin, was uns vor die Nase gesetzt wird. Wenn Sie sich dieser menschlichen Natur bewusst sind, können Sie es einfach die Optionen wählen, die Ihnen am meisten nützen, und es sich gleichzeitig so schwierig wie möglich machen, schädliche Entscheidungen zu treffen.

Eine Standardoption ist diejenige, die der Entscheidungsträger wählt, indem er nichts tut oder den geringsten Aufwand betreibt. In anderen Fällen gehören zu den Standardoptionen auch solche, die normativ sind oder vorgeschlagen werden. Unzählige Experimente und Beobachtungsstudien haben gezeigt, dass eine Option als Standardoption die Wahrscheinlichkeit erhöht, dass sie gewählt wird. Entscheidungen zu treffen erfordert Energie, daher wählen wir oft die Standardoption, um Energie zu sparen, insbesondere wenn wir nicht wissen, worüber wir eine Entscheidung treffen.

Die Optimierung dieser Standardentscheidungen ist der Bereich, in dem Sie sich hauptsächlich bemühen sollten, ein disziplinförderndes Umfeld zu schaffen. Sie glauben vielleicht, dass Sie die meisten Ihrer Entscheidungen selbst bestimmen, aber in Wirklichkeit ist das nicht der Fall. Stattdessen ist ein großer Teil Ihrer Handlungen nur eine Reaktion auf Ihre Umgebung.

Wenn Sie z. B. durch soziale Medien abgelenkt werden, können Sie die App-Symbole in den Hintergrund Ihres Telefons verschieben, damit Sie sie nicht ständig sehen, wenn Sie Ihr Telefon öffnen. Noch besser wäre es, wenn Sie sich nach jeder Nutzung von den Apps abmelden oder sie ganz von Ihrem Telefon löschen, damit Sie sie nur dann nutzen, wenn Sie sie wirklich brauchen, anstatt sich dauernd von ihnen ablenken zu lassen.

Falls Sie es sich zur Gewohnheit gemacht haben, während der Arbeit gedankenlos zum Telefon zu greifen, können Sie es einfach mit dem Gesicht nach unten und weit genug entfernt ablegen, damit Sie aufstehen müssen, um es zu erreichen. Wenn Sie mehr Geige üben wollen, legen Sie das Instrument mit aufgeschlagenen Noten auf Ihren Schreibtisch. Wenn Sie Ihre Zähne öfter mit Zahnseide reinigen wollen, legen Sie Zahnseide in Ihre Tasche, in Ihr Badezimmer, auf Ihren Nachttisch und auf Ihr Sofa.

Es gibt eine schier unendliche Anzahl von Beispielen dafür, wie man den Standard-Effekt nutzen kann, um disziplinierter zu werden, ohne viel Willenskraft aufwenden zu müssen. Ein weiteres Beispiel ist, dass Sie, wenn Sie Chips und Kekse auf dem Küchentisch liegen lassen, standardmäßig zu diesen Dingen greifen, sobald Sie die Küche betreten und auch nur den geringsten Hunger verspüren. Wenn Sie diese Dinge verstecken (oder gar nicht erst kaufen) und stattdessen Obst bereitlegen, steigt unmittelbar die Wahrscheinlichkeit, dass Sie Obst essen und die ungesunden Snacks meiden. Wollen Sie sich mehr bewegen? Montieren Sie eine Klimmzugstange in den Türrahmen Ihres Badezimmers.

Wenn Sie zuckerhaltige Limonaden und Säfte in Ihrem Kühlschrank aufbewahren, trinken Sie diese standardmäßig, sobald Sie durstig sind und den Kühlschrank öffnen. Wenn Sie diese Optionen nicht haben, erhöhen Sie die Wahrscheinlichkeit, dass Sie Wasser trinken oder Tee kochen. Möchten Sie mehr Vitamine zu sich nehmen? Stellen Sie sie direkt neben Ihre Zahnbürste, damit Sie sie leichter erreichen können.

Wenn Sie den ganzen Tag im Büro sitzen und Rückenprobleme haben, könnte es für Sie von Vorteil sein, öfter mal aufzustehen und häufig ein paar Schritte zu gehen. Sie können dies zu Ihrer Standardoption machen, indem Sie ständig Wasser trinken, so dass Sie gezwungen sind, aufzustehen, um zur Toilette zu gehen. Oder Sie könnten auf Ihrem Handy einen Alarm einstellen und es außer Reichweite ablegen, so dass Sie aufstehen müssen, um den Alarm auszuschalten, wenn er losgeht.

Der Sinn dieser Beispiele ist, dass Sie Ihre Willenskraft und Ihre Energie sparen können, indem Sie Ihr Umfeld positiv verändern. Die beiden wichtigsten Aspekte von Umweltveränderungen sind die Reduzierung von Unordnung und Ablenkungen und die Optimierung von Entscheidungen auf der Grundlage des Standard-Effekts.

Wenn Sie die Ablenkungen in Ihrer Umgebung reduzieren, wird Ihr Kopf frei, was wiederum Ihre Konzentration, Effizienz und Produktivität steigert. Außerdem können Sie Ihr Dopamin-Belohnungssystem zu Ihrem Vorteil nutzen, indem Sie Ihre eigenen guten Gewohnheiten verstärken und gleichzeitig das sinnlose Streben nach kleinen Vergnügungen einschränken. Schließlich können Sie dafür sorgen, dass der Weg des geringsten Widerstandes zu den Entscheidungen führt, die Sie wünschen und von denen Sie profitieren.

All dies ermöglicht es Ihnen, den Einsatz und die Erschöpfung von Disziplin zu umgehen und sie für wichtigere tägliche Herausforderungen aufzusparen. Warum sollte man Willenskraft aufbringen, wenn man sie nicht braucht, wenn man sie umgehen kann?

Fazit

- Die Umgebung, die Sie für sich selbst schaffen, hat einen großen Einfluss auf Ihre Selbstdisziplin, denn sie kann sie entweder ständig erschöpfen oder Ihnen helfen, Ihre Disziplin zu erhalten und zu trainieren.
- Gestalten Sie Ihr Umfeld so ablenkungsfrei wie möglich. Wenn Sie ständig mit Ablenkungen bombardiert werden, müssen Sie auf Ihre Willenskraft zurückgreifen, um ihnen zu widerstehen. Da dieser Prozess im Hintergrund abläuft, sind Sie sich in der Regel nicht bewusst, wie Ihre Selbstdisziplin aufgezehrt wird, bis Sie schließlich aufgeben und der Versuchung nachgeben.
- Sie sollten Ihre Ablenkungen strategisch begrenzen, indem Sie das Konzept „Aus den Augen, aus dem Sinn" anwenden. Räumen Sie physische Verlockungen weg, die Sie anstelle der vor Ihnen liegenden Aufgabe tun könnten. Halten Sie offensichtliche Verlockungen außer Reichweite, damit Sie sich nicht unnötig in die Lage bringen, ihnen in Momenten der Langeweile widerstehen zu müssen.

- Minimieren Sie die Dopaminspitzen, die Ihre Konzentration sabotieren. Die Ausschüttung von Dopamin, einer Hirnchemikalie, die uns ein Gefühl der Freude vermittelt, wird häufig durch Handlungen ausgelöst, die eine einfache, sofortige Befriedigung bieten, wie z. B. Benachrichtigungen über soziale Medien. Erkennen Sie, wenn Ihr Verlangen nach dem Dopamin-Kick bereits Zeit und Aufmerksamkeit von den wirklich wichtigen Dingen ablenkt, und wenden Sie Strategien an, um besser damit umgehen zu können.
- Sie können Ihr natürliches Verlangen nach Dopamin zu Ihrem Vorteil nutzen. Gönnen Sie sich jedes Mal eine kleine Belohnung oder ein Bonbon, wenn Sie eine Aufgabe auf Ihrer To-Do-Liste abhaken. Verbinden Sie unangenehme, aber wichtige Tätigkeiten mit einem Treffen mit Freunden. Wenn Sie Ihre guten Gewohnheiten verstärken, können Sie Ihre Selbstdisziplin aufrechterhalten, wenn es schwierig wird.
- Machen Sie positive Handlungen und Verhaltensweisen zur Standardoption für Sie. Auf diese Weise müssten Sie sich nicht einmal mehr anstrengen, um die

bessere und selbstdiszipliniertere von zwei oder mehr Optionen zu wählen - Sie haben bereits eine einzige Handlungsoption vorbereitet und brauchen sie nur noch zu befolgen.

Kapitel 7. Die Beziehungen, die unsere Willenskraft bestimmen

Sie werden hier ein ähnliches Thema wie im vorangegangenen Kapitel erkennen: Wir haben unsere Entscheidungen oder unsere Disziplin nicht so sehr unter Kontrolle, wie wir vielleicht glauben. Die meisten von uns gehen mit dem Gedanken durchs Leben, dass wir voll und ganz in der Lage sind, eigene Entscheidungen zu treffen. Viele unserer Entscheidungen, so glauben wir, beruhen auf dem, was wir für gesunden

Menschenverstand halten, während sich andere aus unseren einzigartigen persönlichen Erfahrungen und unserer Perspektive ergeben.

Es gibt jedoch zahlreiche Belege dafür, dass wir in der Tat oft nicht allein entscheiden, sondern dass unsere Entscheidungen maßgeblich von den Menschen in unserem Umfeld beeinflusst werden. Man kann es Gruppenzwang, soziale Erwartungen oder einfach den Wunsch nach Anpassung nennen. Was auch immer es ist, unsere Beziehungen sind eine sehr reale Grundlage für unsere Selbstdisziplin, im Guten wie im Schlechten.

Eine Studie, die als Asch-Konformitätsexperiment bekannt ist, liefert überzeugende Beweise dafür, wie wir von unseren Mitmenschen beeinflusst werden. In einer Gruppe wurde den Probanden ein Sehtest mit einer ganz offensichtlichen richtigen Antwort vorgelegt. Die ersten Probanden wurden von den Wissenschaftlern eingeweiht und angewiesen, alle die gleiche falsche Antwort zu geben. Diese wich von der richtigen Antwort ab. Doch als sie die Ergebnisse der

Gruppe sahen, gaben mehr als ein Drittel der „echten" Probanden die gleiche falsche Antwort. Sie standen nicht zu ihrem eigenen gesunden Menschenverstand und ihrer Perspektive, um mit den anderen übereinzustimmen.

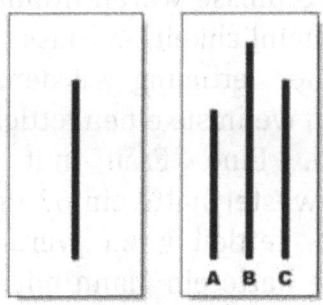

Mit freundlicher Genehmigung von Simplypsychology.com

Wie Sie an dem im Experiment verwendeten visuellen Modell sehen können, gab es außer dem Druck, sich anzupassen, keinen Grund für die Menschen, ihre Meinung zu ändern. Etwas, das so offensichtlich schien, wurde in Zweifel gezogen, als andere nicht zustimmten, was die Menschen zum Nachdenken brachte: „Was sehe ich nicht?" Die Menschen wollten sich nicht dumm oder abgegrenzt fühlen, also passten sie sich an, obwohl ihnen die Beweise ins Gesicht sprangen.

Längerfristige Belege für den sozialen Einfluss auf Entscheidungsfindung und Willenskraft stammen aus der Framingham Heart Study, in der die Probanden über einen Zeitraum von 54 Jahren beobachtet wurden. Die Ergebnisse waren dramatisch. Die Wahrscheinlichkeit, dass die Studienteilnehmer fettleibig wurden, stieg um 171 Prozent, wenn sie einen fettleibigen Freund hatten. Eine Frau mit einer fettleibigen Schwester hatte ein 67 Prozent höheres Risiko, fettleibig zu werden. In ähnlicher Weise hatte ein Mann mit einem fettleibigen Bruder ein um 45 % höheres Risiko, fettleibig zu werden. Wenn wir über die Tatsache hinwegsehen können, dass es möglicherweise einige genetische Faktoren gab, stellen wir fest, dass die Menschen einfach in die gleichen Lebensgewohnheiten und Muster verfallen wie die Menschen um sie herum. Sie bilden ein eigenes Ökosystem, in das bestimmte Handlungen passen und mit dem sie vereinbar sind, andere hingegen nicht. Ich wünsche Ihnen, dass Ihr persönliches

Ökosystem voller gesunder Verhaltensmuster und Selbstdisziplin ist.

Die Menschen, mit denen wir uns umgeben, ob absichtlich oder unabsichtlich (niemand sucht sich seine Familie aus), haben einen erheblichen Einfluss auf unsere Selbstdisziplin und Entscheidungsfindung. Es mag überraschen, wie sehr man glaubt, aus freiem Willen zu handeln, während man in Wirklichkeit nur nachahmt, was man um sich herum sieht.

Investieren Sie in Ihr Netzwerk

Wir können uns unsere Familien nicht aussuchen, aber wir können sehr wohl wählen, mit wem wir unsere Freizeit verbringen. Wir sollten bei den Menschen, mit denen wir zu tun haben, wählerisch sein. Außerdem können wir unsere Familie zwar nicht ändern, aber wir können anpassen, wie viel Zeit wir mit ihnen verbringen - insbesondere, wenn wir erkennen, wann sie einen ungesunden Einfluss haben. Abgesehen von der Familie wird deutlich, dass wir unsere Freunde mit Bedacht auswählen sollten. Auf diese Weise können wir dieselbe Dynamik - den Einfluss, den die uns Nahestehenden auf unsere Entscheidungen haben - in eine positive Richtung lenken.

Stellen Sie sich vor, Sie sind Student und die Prüfungswoche steht vor der Tür. Wenn alle Ihre Freunde und Klassenkameraden der Meinung sind, dass es lahm ist, zu Hause zu bleiben, um zu lernen, und dass es cool ist, das ganze Wochenende feiern zu gehen, würden Sie wahrscheinlich auch mit ihnen feiern, anstatt bis in die Nacht Ihre Aufzeichnungen durchzugehen. Wenn Ihre Freunde jedoch nicht feiern gehen und stattdessen Gliederungen erstellen und sich in einer Lerngruppe zusammenfinden, werden Sie sich wahrscheinlich eher motiviert fühlen, auch Zeit zum Lernen aufzubringen. Es ist leicht einzusehen, wie solche Szenarien das Verhalten beeinflussen können, und insbesondere Kinder und Jugendliche sind eher beeinflussbar. Als Erwachsene glauben wir gerne, dass wir uns nicht mehr so leicht durch das Verhalten Gleichaltriger beeinflussen lassen, aber wir werden zweifellos immer noch auf die eine oder andere Weise von den Menschen in unserer Umgebung beeinflusst.

Gehirnscan-Studien haben gezeigt, dass der gleiche Teil unseres Gehirns aktiviert wird, wenn wir an unsere Mütter denken, wie wenn wir an uns selbst denken. Es scheint, dass unsere Gehirne andere so sehen, wie sie uns selbst sehen - zumindest wenn es sich um enge Verwandte oder Freunde handelt. Dies ist eine klare Erklärung dafür, warum Verhalten so ansteckend sein kann. Wenn diese anderen etwas tun, scheint es uns buchstäblich, als ob wir es selbst tun, und verspüren den Drang, es nachzuahmen. Denken Sie an die Folgen: Andere Menschen beeinflussen, was wir tun, wie wir denken, wer wir sind! Auch das ist eine gute Nachricht, wenn wir von positiven Handlungen umgeben sind, aber eine schlechte Nachricht, wenn das Verhalten unserer Mitmenschen negativ ist.

In vielen Fällen wird das Verhalten durch sozialen Druck gesteuert. Wir kennen die Beispiele von Teenagern, die aufgrund von Gruppenzwang dumme Dinge tun. Aber er kann auch einen positiven Einfluss haben. Sozialer Druck wird häufig von Organisationen wie Sportmannschaften und dem Militär ausgeübt. Die Menschen fühlen sich ihren Mannschaftskameraden gegenüber loyal und wollen ihnen nicht im Weg stehen, also geben sie ihr Bestes. Ein tief empfundenes Gefühl der Loyalität, sei es zu Menschen, zum Land oder zu Prinzipien, kann eine starke Quelle der Selbstdisziplin sein.

Vielleicht haben Sie schon einmal gehört, dass Sie der Querschnitt aus den fünf Personen sind, mit denen Sie die meiste Zeit verbringen. Wir wissen nun, dass unser Gehirn uns gleichermaßen betrachtet wie die, die uns nahestehen. Es ist eine fast logische Schlussfolgerung, dass Ihre Perspektive nur ein Sechstel dessen ist, was Ihre Handlungen, Verhaltensweisen und Gewohnheiten bestimmt. Der Rest hängt von den anderen ab. Was können wir mit dieser Einsicht anfangen, um unser tägliches Verhalten zu verbessern?

Füllen Sie Ihr Netzwerk mit Menschen, die Sie bewundern und zu denen Sie aufschauen - nicht mit denen, auf die Sie herabschauen und die Sie stützen müssen. Die Vorteile, die sich daraus für Sie ergeben, gehen über die Verbesserung Ihrer Selbstdisziplin hinaus; sie werden letztlich

Ihre emotionale Gesundheit und Lebensqualität verbessern. Wenn Sie sich in einem Umfeld wiederfinden, in dem Sie die leistungsfähigste Person oder eine andere relevante Superlative sind, ist es an der Zeit, sich ein neues Umfeld zu suchen. Was auch immer Sie für Ihre Schwächen halten, Sie werden sicher Menschen finden, die sich durch dieselben Eigenschaften auszeichnen. Sie können genauso gut sicherstellen, dass Sie sich mit Menschen anfreunden, die im Allgemeinen positiv sind und Sie in Ihren Bemühungen unterstützen, so dass sie in jedem Fall eine gute Kraft in Ihrem Leben sind.

Rechenschaftspflichtige Partner

Abgesehen davon, dass Sie bessere Beziehungen zu Ihrem gesamten Umfeld aufbauen, können Sie sich auf eine Person konzentrieren, der Sie im Wesentlichen unterstellt sind. Diese Person ist für Sie verantwortlich und versucht sicherzustellen, dass Sie Ihre Verpflichtungen einhalten und Ihre Ziele erreichen.

Die Universität von Pittsburgh führte eine Gewichtsreduktionsstudie durch, bei der die Teilnehmer einen Freund oder ein Familienmitglied mitbringen mussten, der/die ebenfalls abnehmen wollte. Eine Gruppe innerhalb der Studie erhielt „Unterstützungshausaufgaben", bei denen die Partner einander loben und ermutigen sollten. Erfolgreiche Beispiele von Selbstdisziplin in Bezug auf Essen und Bewegung sollten gefeiert werden. Dies wird als „Verantwortungspartner" bezeichnet. Die andere Gruppe der Studie hatte keine solchen „Hausaufgaben". Zehn Monate nach Beendigung des Programms hatten 66 Prozent der Teilnehmer der Gruppe, die ihre Partner unterstützten und ermutigten, ihren Gewichtsverlust beibehalten. In der anderen Gruppe gelang dies nur 24 Prozent.

Die Studie kam zu dem Schluss, dass es nicht unbedingt die Betonung der Erfolge war, die den Gewichtsverlust festigte, sondern dass es die unterstützende Präsenz war, die den Menschen mentale und emotionale Widerstandsfähigkeit gab.

Ein verantwortungsbewusster Partner kann Ihnen beiden helfen, ein anspruchsvolles Ziel zu erreichen. Er kombiniert die Elemente, die das Verhalten beeinflussen, einschließlich des sozialen Drucks, die Teamkollegen nicht im Stich zu lassen, und des Wunsches des Gehirns, die Menschen in der Umgebung nachzuahmen. Der Schlüssel liegt darin, ständig gleichzeitig positive Unterstützung zu geben und zu erhalten: Ermutigung, Lob, Anerkennung. Um das Lob zu verdienen, müssen Sie sich jedoch weiterhin anstrengen. Wenn Sie wissen, dass Sie mehrere Personen enttäuschen werden, wenn Sie dies nicht tun, werden Sie sich mehr engagieren und sich mehr Mühe geben.

Einen Marathon zu laufen gehört zu den schwierigsten körperlichen Herausforderungen, die es zu bewältigen gilt. Einer der Schlüssel zur Vorbereitung ist es, sich einfach auf den Weg zu machen und einen Kilometer nach dem anderen zu laufen. Wie leicht wäre es, wenn der Wecker an einem kalten Morgen klingelt, sich einfach umzudrehen und sich zu sagen, dass es in Ordnung ist, diesen einen Tag auszulassen, und dass man es beim nächsten Mal nachholen wird. Stellen Sie sich nun vor, dass Ihre Laufpartnerin am Startpunkt auf Sie wartet. Würden Sie sie wirklich im Stich lassen?

Und denken Sie daran, dass die Erwartung, dass *Sie* da sein werden, ein Hauptmotivator für Ihren Kumpel ist, aus dem Bett zu kommen! Gemeinsam werden Sie Großes erreichen. Auch wenn Ihr Laufpartner nicht jeden Tag bei Ihnen ist, wie wäre es mit jemandem, der sich täglich bei Ihnen über Ihren Morgenlauf meldet? Das ist nur eine weitere Absicherung, um Sie auf Kurs zu halten. Um genau zu sein, funktioniert ein Verantwortungspartner nur dann, wenn Sie sich konsequent über die geleistete Arbeit austauschen und wenn Sie das Gefühl der Zusammengehörigkeit und den Wunsch, andere nicht zu enttäuschen, für sich nutzen.

Kann es ein sinnvoller Ersatz für einem Partner sein, wenn Sie anderen Menschen bloß von Ihrem Ziel erzählen? Sie denken vielleicht, dass dies genügend sozialen Druck freisetzt, um sich an Ihren Plan zu halten, so wie die öffentliche Bekanntgabe

Ihrer Silvestervorsätze. Doch wenn Sie anderen von Ihren Zielen erzählen, ist die Wahrscheinlichkeit geringer, dass Sie sie auch erreichen!

Wenn Sie anderen von Ihrem Ziel erzählen - fünfundzwanzig Pfund abzunehmen oder einen Marathon zu laufen -, erhalten Sie in der Regel Lob und Glückwünsche. Gut gemacht! Aber das gaukelt Ihnen vor, dass Sie bereits etwas erreicht haben, als ob Sie mit dem Erzählen Ihre Pflichten erfüllt hätten. Das hat den nachteiligen Effekt, dass Ihre Willenskraft und Selbstdisziplin *nachlassen*. Wer anderen von seinem Ziel erzählt, verliert seinen Elan und wird es wahrscheinlich nicht erreichen. Es kann sein, dass die Anerkennung eines Ziels dieses zu einem Teil der eigenen Identität macht und einen Ansturm von Wohlfühl-Belohnungshormonen auslöst, so dass es keinen Grund gibt, sich weiter anzustrengen.

Der NYU-Professor Peter Gollwitzer hat sich darauf spezialisiert, wie Ziele das Verhalten beeinflussen. Er führte vier Studien mit dreiundsechzig Probanden durch und fand heraus, dass diejenigen, die ihre Ziele für sich behielten, sie mit größerer Wahrscheinlichkeit erreichten als diejenigen, die anderen davon erzählten und sich dafür loben ließen. Er kam zu dem Schluss, dass das Erzählen von Zielen anderen ein „verfrühtes Gefühl der Vollständigkeit" vermittelt. Dieser Effekt beruht auf den „Identitätssymbolen" in Ihrem Gehirn, die Ihnen Ihr Selbstbild vermitteln. Diese Symbole in Ihrem Gehirn können sowohl durch Reden als auch durch Handeln erzeugt werden. Wenn Sie also über Ihre Ziele *sprechen,* entstehen ähnliche Symbole wie bei den *Handlungen*, die zum Erreichen dieser Ziele erforderlich sind. Ihr Gehirn hat durch das Erzählen schon sein Symbol und „vernachlässigt das Streben nach weiteren Symbolen".

Eine verwandte Studie ergab, dass bei einem Ziel mit Teilkomponenten der Erfolg bei einem der Teilziele die Anstrengungen bei den anderen verringern kann. Um Ihre Gesundheit zu verbessern, könnten Sie sich beispielsweise vornehmen, sich gesünder zu ernähren und öfter ins Fitnessstudio zu gehen. Der Erfolg bei der gesunden Ernährung kann jedoch Ihre Motivation zum Sport verringern. Vielleicht reden Sie sich ein, dass Sie zum Mittagessen einen Salat gegessen haben und deshalb das Training heute Abend ausfallen lassen können. Ihr übergeordnetes Ziel ist es, Ihre Gesundheit zu verbessern, und Ihre gesunde Ernährung gibt Ihrem Gehirn das gewünschte Symbol.

Was bedeutet das alles?

Auch wenn Sie gerne über Ihre Ziele sprechen möchten, ist es besser, wenn Sie sie für sich behalten. Beziehen Sie jedoch andere in Ihren Prozess der Zielerreichung und Ihre Maßnahmen mit ein. Wenn Sie jemandem davon erzählen, achten Sie darauf, dass Sie dies nicht auf eine Weise tun, die Lob hervorruft. Ganz im Gegenteil. Sagen Sie demjenigen, dass Sie mit Ihrem derzeitigen Zustand unzufrieden sind und dass er Ihnen in den Hintern treten soll, wenn er sieht, dass Sie von Ihrem Plan abweichen.

Noch besser ist es, es einem Partner zu sagen, der die Verantwortung übernimmt. Sie werden von Ihrem Partner erst dann gelobt oder beglückwünscht, wenn Sie tatsächlich etwas getan haben, um es zu verdienen. Und der ständige soziale Druck, weiterzumachen und Ihren Partner nicht zu enttäuschen, wird Ihr Gehirn mit der nötigen Motivation versorgen. Denken Sie an den kalten Morgen, an dem Sie sich entscheiden, ob Sie das Bett für einen Fünfzehn-Meilen-Lauf verlassen sollen. Was wird Sie stärker motivieren: die Tatsache, dass Sie schon vor Wochen jemandem von Ihrem Ziel erzählt haben, oder die Tatsache, dass Ihr frierender Freund dort draußen auf Sie wartet?

Der Hawthorne-Effekt

Die Forschung hat gezeigt, dass das Verhalten von Menschen auch dann beeinflusst wird, wenn sie das Gefühl haben, beobachtet zu werden. In den 1930er Jahren versuchte die Hawthorne Works Electric Company, die Triebkräfte der Produktivität zu verstehen. Man glaubte, auf der richtigen Spur zu sein, als man feststellte, dass die Arbeitsleistung der Arbeiter in die Höhe schoss, wenn das Licht eingeschaltet war. Dann stellten sie fest, dass das *Ausschalten* des Lichts das gleiche Ergebnis hatte. Sie waren verblüfft.

Bei der Analyse der Daten zwanzig Jahre später entdeckte Henry Landsberger, was er den Hawthorne-Effekt nannte. Landsberger erkannte, dass es gar nicht an der Beleuchtung lag. Was das Verhalten der Arbeitnehmer tatsächlich beeinflusste, war das Bewusstsein, dass sie beobachtet wurden. Die Mitarbeiter arbeiteten härter, wenn sie sahen, dass sie beobachtet wurden, was ihnen durch die ständige Anpassung der Beleuchtung angezeigt wurde.

Wir können uns dieses Prinzip zunutze machen, indem wir unser Verhalten beobachtbarer machen. Ein Beispiel dafür sind Lauf- und Aktivitäts-Apps wie Runkeeper und Fitbit, die nicht nur Ihre Läufe, Kilometer oder Schritte aufzeichnen, sondern sie auch dort veröffentlichen, wo sie von Ihren Freunden gesehen werden können. Es ist, als hätte man virtuelle Laufkameraden. Sie beobachten einen, um sicherzustellen, dass man das tut, was man tun sollte, und man will sie nicht enttäuschen.

Oder nehmen wir an, Sie wollen Kohlenhydrate reduzieren, um abzunehmen.

Lassen Sie Ihre Freunde und Kollegen wissen, dass Sie auf Pizza, Bagels und Limonade verzichten. Nehmen Sie sie alle in eine Sammel-E-Mail auf, in der Sie ihnen einen Link zu einer Tabelle mit Ihren täglichen Kalorien oder Ihrem Trainingsplan schicken. Allein das Wissen, dass sie ein Auge auf Sie haben, wird ein starker Motivator sein, um Ihre Selbstdisziplin aufrechtzuerhalten. Es macht Sie selbstbewusst, auf eine gute Art und Weise.

Es geht um Folgendes: Würden Sie in der Nase bohren, wenn jemand zusieht? Nein. Wenn man sich selbst ehrlich betrachtet, ist man nicht auf Selbstdisziplin angewiesen, sondern auf sozialen Druck und Scham.

Wenn Sie Ihre Mitmenschen auf dem Laufenden halten, sind sie in der Lage, Sie im Auge zu behalten, und das Wissen, dass Sie beobachtet werden, hält Sie auf Kurs. Verbreiten Sie also die Nachricht und lassen Sie die Leute wissen, dass Sie von ihnen erwarten, dass sie Sie zur Verantwortung ziehen. Und lassen Sie sich nicht einfach dazu beglückwünschen, dass Sie sich ein Ziel gesetzt haben.

Vorbilder

Ein letzter Weg, um einen positiven Einfluss der Menschen in Ihrem Umfeld zu gewährleisten, ist die Suche nach einem Vorbild oder einem Mentor.

Dies ist eine Person, die Sie bewundern und zu der Sie aufschauen, eine Person, die die Verhaltensweisen zeigt, denen Sie nacheifern möchten. Es ist vielleicht gar nicht so schwer, eine solche Beziehung aufzubauen, wie Sie denken. Menschen fühlen sich geschmeichelt, wenn man ihnen sagt, dass man sie als Vorbild sieht, und nehmen sich in der Regel Zeit für Sie. Sie brauchen nicht einmal eine formelle Vereinbarung zu treffen, oder überhaupt eine Vereinbarung. Solange Sie jemanden haben, zu dem Sie aktiv aufschauen, werden Sie sich passiv verbessern.

Auch wenn Sie kein reales Vorbild haben, ist es hilfreich, sich ein Bild von Ihrem idealen Vorbild zu machen, um sich Klarheit darüber zu verschaffen, wonach Sie suchen. Außerdem hilft es Ihnen, mit schwierigen Umständen umzugehen, indem Sie sich einfach fragen, wie Ihr Vorbild in dieser Situation handeln würde.

Wir denken vielleicht, dass Vorbilder vor allem für Kinder geeignet sind, aber es gibt keine Altersgrenze. Auch Erwachsene können und sollten Vorbilder haben. Wir erleben in jeder Phase unseres Lebens neue Herausforderungen. Es ist von unschätzbarem Wert, von Menschen zu lernen, die diese Schwierigkeiten erfolgreich gemeistert haben. Es ist auch die effizienteste Art des Lernens, denn anstatt sich alleine durchzuschlagen und zu kämpfen, hat man jemanden, der einem persönliche Ratschläge gibt, die auf die eigene Perspektive zugeschnitten sind.

Wenn Sie Ihrem Mentor genau zuhören, wie er über seine Erfolge und Misserfolge spricht, wie er seine Selbstdisziplin aufrechterhält und wie er Probleme löst, können Sie eine ganz andere Sichtweise gewinnen. Sie werden erkennen, dass es mehr als einen Weg gibt, mit verschiedenen Situationen umzugehen. Und Sie werden wahrscheinlich Verhaltensweisen an sich selbst erkennen, die Sie zurückhalten. Das beste Vorbild wird auch als Spiegel fungieren - es wird Ihnen ermöglichen, sich selbst besser kennenzulernen, indem Sie vergleichen, wie Sie und Ihr Mentor in bestimmten Situationen handeln.

Die Eigenschaften und Verhaltensweisen, die Ihr Vorbild erfolgreich machen, werden auch bei Ihnen funktionieren. Sie bewundern sein Engagement, seine Disziplin, sein Selbstvertrauen, sein Mitgefühl, seinen Mut und seine positive Einstellung. Kopieren Sie ihn, ahmen Sie ihn nach. Eigenschaften und Gewohnheiten können erlernt werden, und wenn Sie das tun, werden Sie zu einem stärkeren, disziplinierteren Menschen.

Wie Sie Ihr persönliches Leben gestalten, bleibt natürlich Ihnen überlassen. Es gibt jedoch überzeugende Beweise dafür, dass ein strategischer Umgang mit Unterstützern, Herausforderern und Vorbildern einen deutlichen Nutzen für Ihr Leben haben kann. Sie können sich das sogar als eine Art persönliches Aufsichtsgremium vorstellen. Nicht jeder kann Ihnen bei allem helfen, aber Sie haben bestimmt mindestens eine hilfreiche Meinung oder Perspektive zu jeder Herausforderung, mit der Sie konfrontiert werden.

Fazit

- Mehr noch als von unserer physischen Umgebung werden wir vielleicht von den Beziehungen und der Gesellschaft, die wir pflegen, beeinflusst. Im Gegensatz zu dem, was die meisten von uns lieber glauben - nämlich, dass wir unabhängige Individuen sind, die unempfindlich gegenüber äußeren Einflüssen sind und ihre Entscheidungen allein treffen - werden wir bei unseren Entscheidungen oft erheblich von den Menschen in unserem Umfeld beeinflusst. Unser soziales Umfeld gibt uns vor, was akzeptabel ist, und kann uns entweder unterstützen oder zurückhalten.
- Seien Sie wählerisch, wenn es um die Personen geht, die Sie in Ihr soziales Netzwerk aufnehmen. Sie können sich Ihre Familie zwar nicht aussuchen, aber Sie können entscheiden, wie viel Zeit Sie mit ihr verbringen. Wählen Sie Ihre Freunde mit Bedacht. Verhalten ist ansteckend. Wenn Sie also mit engagierten, zielstrebigen und

selbstdisziplinierten Menschen zu tun haben, werden Sie wahrscheinlich auch diese Eigenschaften in sich selbst pflegen.
- Ernennen Sie einen Partner, dem Sie von Ihren Zielen berichten und der Sie über Ihre Fortschritte bei der Verwirklichung dieser Ziele auf dem Laufenden hält. Ein Verantwortungspartner sorgt dafür, dass Sie Ihren Verpflichtungen nachkommen. Auf diese Weise erhalten Sie eine äußerst wirksame Kombination aus positiver Unterstützung und Lob, wenn Sie sich selbst disziplinieren, sowie sozialem Druck und dem Risiko, jemanden zu enttäuschen, der Ihnen wichtig ist, wenn Sie Ihren Verpflichtungen nicht nachkommen.
- Der Hawthorne-Effekt ist ein Phänomen, bei dem Menschen ihr Verhalten so ändern, dass es angenehmer und positiver ist, wenn sie wissen, dass sie beobachtet werden. Sie können sich diese Tendenz zunutze machen, um Ihre eigene Selbstdisziplin zu verbessern, indem Sie Ihr Verhalten für andere einfacher zu beobachten machen und sich so einen zusätzlichen Ansporn verschaffen, das zu tun, was Sie

versprochen haben, um andere zu beeindrucken oder zumindest nicht zu enttäuschen.

- Suchen Sie sich ein Vorbild oder einen Mentor, dessen Eigenschaften und Verhaltensweisen Sie nachahmen können. Wenn Sie Ihr Vorbild besser kennenlernen und seine Methoden genauer beobachten, erhalten Sie mehr Inspiration und Informationen darüber, wie Sie seine Strategien beim Aufbau Ihrer eigenen Gewohnheiten der Selbstdisziplin anwenden können.

Kapitel 8. Warum Sie immer zuerst Ihr Gemüse essen sollten

Mit anderen Worten: die Kunst der verzögerten Befriedigung.

Langfristige Vorteile dem kurzfristigen Vergnügen vorzuziehen, ist der Kern eines selbstdisziplinierten Lebensstils. Sie schränken Ihr unmittelbares Vergnügen im Austausch für eine noch größere zukünftige Belohnung ein. Herausforderungen anzunehmen und unangenehme Gefühle zu ertragen, die wir normalerweise zu vermeiden versuchen, sind oft entscheidende Aspekte des Aufschubs von Belohnungen.

Tatsächlich ist die verzögerte Belohnung eine weitere Möglichkeit, Selbstdisziplin zu definieren, denn sie führt über den gleichen Prozess zum gleichen Ergebnis. Sie leiden jetzt, um später ein bestimmtes Ergebnis zu erzielen, und das erfordert mentale Stärke, Sie müssen Ihre Grenzen überschreiten und mehr tun, als Sie dachten. Wann immer Sie versuchen, die Befriedigung hinauszuzögern, wenden Sie Selbstdisziplin an. Diese Konzepte sind untrennbar miteinander verbunden.

In diesem Kapitel wird erklärt, wie Sie bewusst an Ihr zukünftiges Selbst denken können - an das, für das Sie die Befriedigung aufschieben und leiden.

Das Stanford-Marshmallow-Experiment

Der Aufschub der Belohnung ist mehr als eine Verhaltensweise, es ist eine Fähigkeit - etwas, das am besten durch das berühmte Stanford Marshmallow-Experiment demonstriert wurde, auf das im allerersten Kapitel des Buches Bezug genommen wurde. Diese Studie ist so bahnbrechend, dass Sie wahrscheinlich „die Marshmallow-

Studie" erwähnen können und die Leute wissen, worüber Sie reden.

Der Psychologe Walter Mischel organisierte die Studie erstmals in den 1960er Jahren, doch was sie wirklich bedeutsam machte, waren die Ergebnisse der fortgesetzten Beobachtung der Studienteilnehmer über einen Zeitraum von etwa vierzig Jahren danach.

Das ursprüngliche Experiment war einfach. Der Forscher gab dem Teilnehmer - einem Kind - einen Marshmallow. Dann wurde das Kind vor die Wahl gestellt: den Marshmallow sofort zu essen oder eine Weile zu warten und einen zusätzlichen Marshmallow für seine Geduld zu erhalten. Die Forscher verließen den Raum für etwa fünfzehn Minuten, um die Kinder grübeln und ihre Entscheidung treffen zu lassen. Diejenigen, die sich dafür entschieden, zu warten und die Belohnung für die beiden Marshmallows hinauszuzögern, waren genau die Kinder, die in akademischen Metriken und Persönlichkeitsfragebögen besser abschnitten. Mit anderen Worten: Es bestand eine extrem hohe Korrelation zwischen der Fähigkeit, die Belohnung hinauszuzögern, und hohen Leistungen.

Dr. Mischel und sein Team verfolgten dann die Teilnehmer vom Vorschulalter bis ins junge Erwachsenenalter und bewerteten sorgfältig Informationen über ihre Erfolge und Misserfolge sowie ihre allgemeine Lebensleistung. Sie entdeckten, dass die Teilnehmer, die im Marshmallow-Experiment die Belohnung aufgeschoben hatten, als sie jünger waren, später höhere SAT-Ergebnisse, weniger Drogenmissbrauch, weniger Fettleibigkeit, eine gesündere Stressbewältigung, eine bessere Konzentration und bessere Leistungen in einer Reihe von anderen Bereichen aufwiesen als die Teilnehmer, die die Belohnung nicht aufgeschoben hatten.

Ein weiteres interessantes Ergebnis war, dass die Eltern der Kinder, die die Belohnung hinausgezögert hatten, angaben, sie seien kompetenter als die, die sofort zufrieden waren, obwohl sie nicht wussten, wie ihre Kinder in dem Experiment abgeschnitten hatten. In den folgenden vierzig Jahren war die Gruppe, die geduldig gewartet hatte, um sich einen zweiten

Marshmallow zu verdienen, immer wieder erfolgreich, ganz gleich, welche Leistung sie gemessen wurde.

Das Stanford-Marshmallow-Experiment und die im Anschluss daran gesammelten Daten belegen, dass die Fähigkeit, die Belohnung hinauszuzögern, eine entscheidende Lebenskompetenz ist. Sie könnte sogar eine der grundlegenden Fähigkeiten sein, die hohen Leistungen zugrunde liegen. Um uns zu verbessern, müssen wir bereit sein, positive Ereignisse und Belohnungen gezielt aufzuschieben, bis wir bestimmte Ziele erreicht haben. Sicherlich mag es sinnvoll sein, zuerst die einfachen Dinge zu tun, um die Trägheit zu überwinden und eine positive Dynamik zu erzeugen, wenn wir schwer in Gang kommen. Aber wenn Sie sich dafür entscheiden, die schwierigen Dinge zuerst zu tun, geben Sie sich selbst einen größeren Anreiz, sie bis zum Ende durchzuziehen und auf dem Weg dorthin diszipliniert zu bleiben.

Denken Sie an Ihr tägliches Leben und an all die Verbesserungen, die ein Aufschub der Belohnung bewirken kann.

Sie könnten zum Beispiel die letzte Folge Ihrer Lieblingsserie erst dann ansehen, wenn Sie Ihre Hausarbeiten erledigt haben. Das ist ein Anreiz für Sie, sich stärker zu konzentrieren und effizienter zu arbeiten, was wiederum zu besserem Lernen und besseren Noten führen kann. Außerdem können Sie so die Wiederholung von *Seinfeld* genießen, ohne dass der Gedanke an die Hausarbeit im Hinterkopf herumgeistert.

Wenn Sie die Befriedigung, Ihr Training beendet zu haben, aufschieben, bis Sie ein paar weitere Sätze an Übungen geschafft haben, können Sie Ihre Kraft und mentale Widerstandsfähigkeit erheblich steigern. Sie können die Befriedigung, während eines harten Laufs aufzuhören, aufschieben, um Ihre Fitness zu verbessern. Nach dem Verlassen des Fitnessstudios können Sie die Befriedigung, etwas Schnelles und Ungesundes zu essen, aufschieben, bis Sie nach Hause kommen und eine nahrhafte Mahlzeit zubereiten.

Leider sind die Vorteile in anderen Bereichen des Lebens selten so unmittelbar und greifbar. Oft zögern wir unsere Belohnung länger hinaus, z. B. wenn wir Medizin studieren und erst mit Mitte dreißig die Früchte ernten, oder wenn wir ein gebrauchtes Auto kaufen, um unser Geld für den Kauf eines Hauses in ein paar Jahren zu sparen. Dennoch ist es immer noch derselbe Prozess der Selbstdisziplin bei der Entscheidungsfindung.

Wenn man gut darin ist, die Belohnung hinauszuzögern, ist man besser in so ziemlich jeder Disziplin, die man sich vorstellen kann, und die man braucht, um in jedem Bereich oder in jeder Fähigkeit zu glänzen. Was den meisten Menschen fehlt und woran sie bei der Selbstdisziplin scheitern, ist eine klare und überzeugende Belohnung, für die sie leiden.

Sie beginnen damit, dass Sie Ihre Werte kennen und wissen, was Ihnen wichtig ist. Erinnern Sie sich an das Kapitel über Motivationen, dass diese vielleicht nicht das sind, was Sie gerne annehmen würden. Sie könnten von dem Wunsch getrieben sein, sich um andere zu kümmern, wie Mutter Teresa, oder Sie könnten von reinem Geld angetrieben sein wie Gordon Gecko.

Wichtig ist, dass Sie wissen, worum es Ihnen geht, und dass Sie Ihre kurz- und langfristigen Ziele stets im Auge behalten. Sie können auch Belohnungen um sie herum gestalten.

Je länger Sie Ihre positiven Verhaltensweisen beibehalten, desto einfacher und natürlicher werden sie. Wenn Sie es gewohnt sind, zuerst den Nachtisch zu essen, ist es ein Schock für Ihr System, mit dem Gemüse anzufangen, aber auf lange Sicht wird es sich lohnen.

Handle im Namen deines zukünftigen Selbst

Der Kampf mit der Disziplin kann als ein Kampf gesehen werden, bei dem man sein zukünftiges Wohlergehen über sein gegenwärtiges Glück oder Vergnügen stellt. Eine Erklärung dafür, warum so viele Menschen diese Schwierigkeiten haben, ist die Unfähigkeit, eine Beziehung oder Verbindung zu unserem zukünftigen Selbst herzustellen. Tatsächlich hat die Forschung gezeigt, dass es sich positiv auf die Selbstdisziplin auswirken kann, wenn man sich sein zukünftiges Ich lebhafter vorstellt.

In einer Studie der Stanford University haben Hal Ersner-Hershfield und ein Team von Mitarbeitern mit Hilfe der funktionellen Magnetresonanztomographie (fMRI) beobachtet, was im Gehirn passiert, wenn wir an unser zukünftiges Ich denken. Die Probanden wurden gebeten, sich selbst in der Gegenwart und zehn Jahre in der Zukunft zu beschreiben sowie andere Menschen zu beschreiben. Die neuronalen Muster, die hervorgerufen wurden, wenn die Probanden an sich selbst in zehn Jahren dachten, waren durchweg den neuronalen Mustern sehr ähnlich, die beim Denken an andere Menschen hervorgerufen wurden.

Mit anderen Worten, wir neigen dazu, eine emotionale Trennung von der Person zu haben, die wir in vielen Jahren sein werden. Wir scheinen unser zukünftiges Selbst als Menschen zu betrachten, der völlig losgelöst ist von dem, was wir jetzt sind, und nicht als eine Erweiterung oder Weiterentwicklung unseres derzeitigen Selbst und unserer Identität. Infolgedessen scheinen wir uns nicht so sehr um unser zukünftiges Selbst zu kümmern, wie wir es sollten, und handeln daher nicht in seinem besten Interesse.

Die Tatsache, dass wir nicht an unser zukünftiges Selbst denken, erklärt viele Verhaltensweisen, die als Versagen der Disziplin angesehen werden könnten. Menschen, die sich keine Gedanken über ihr zukünftiges Ich machen, werden zum Beispiel nicht motiviert sein, genug für den Ruhestand zu sparen. Es erklärt auch, warum jemand sich weiterhin ungesund ernährt, obwohl er weiß, dass er dadurch Krankheiten und andere gesundheitliche Probleme riskiert. Es wird auch leichter verständlich, warum jemand ohne Integrität handelt und keine soliden ethischen Entscheidungen trifft, da diese Konzepte für jemanden, der sich keine Sorgen um seine Zukunft macht, weniger wichtig sind.

Das soll heißen, dass es sich nicht positiv auf uns auswirkt, wenn wir unser zukünftiges Ich wie eine andere Person sehen. Bezeichnenderweise waren die Studienteilnehmer, deren Gehirnbilder am stärksten darauf hindeuteten, dass sie ihr zukünftiges Ich wie eine andere Person sahen, auch diejenigen, die in einem anderen Teil der Studie die wenigste Geduld bei einer finanziellen Entscheidung aufbrachten. Das bedeutet, dass ein Zusammenhang besteht zwischen der Vorstellung, das zukünftige Ich als eine andere Person zu sehen, und der Unfähigkeit, die Befriedigung hinauszuzögern - in diesem Fall, um eine größere finanzielle Belohnung als das ursprüngliche Angebot zu erhalten.

Die Leichtigkeit, mit der Sie in der Lage sind, im Namen Ihres zukünftigen Selbst zu denken und zu handeln, hängt zum Teil von der Art der Zeitperspektive ab, zu der Sie neigen. Die Forscher Zimbardo und Boyd haben herausgefunden, dass eine Person dazu neigt, eine bestimmte Zeitperspektive einzunehmen, wenn sie Entscheidungen trifft, und dass sich diese Orientierung darauf auswirkt, welche Handlungen die Person letztendlich wählt. Die Zeitperspektive einer Person kann vergangenheits-negativ, vergangenheits-positiv, gegenwarts-hedonistisch, gegenwarts-fatalistisch oder zukunftsorientiert sein.

Menschen, die zur Gegenwarts-Hedonistik neigen, neigen dazu, wenig Wert darauf zu legen, heute Opfer zu bringen, die sich morgen auszahlen werden. Menschen mit einer Zukunftsperspektive hingegen streben nach zukünftigen Zielen und sind in der Regel bestrebt, der Versuchung der sofortigen Befriedigung zu widerstehen, weil sie sich später eine Belohnung erhoffen. Wie sieht es bei Ihnen aus? Auf welchen Zeitrahmen konzentrieren Sie sich, wenn Sie Entscheidungen treffen? Denken Sie nur an die Freuden, die Ihnen eine Entscheidung in der Gegenwart bereitet, oder auch an die Folgen, die eine Handlung für Ihr zukünftiges Ich haben wird?

Es ist äußerst schwierig, Pläne für die Zukunft zu machen und sie diszipliniert auszuführen, wenn man nicht in der Lage ist, die Befriedigung aufzuschieben. Für die meisten Menschen sind die aktuellen Probleme und Freuden viel wichtiger als alles, was in der Zukunft passieren wird. Wie können wir also die mentale Trennung von unserem zukünftigen Selbst überwinden?

Menschen dazu zu bringen, langfristig zu denken, war ein großes Dilemma für Psychologen, aber sie haben etwas entdeckt, das einen Unterschied macht. Es geht darum, sich genau vorzustellen, wer man ist, wer man sein wird und wer man sein möchte. Das hilft, eine greifbare Verbindung zu Ihrem zukünftigen Ich herzustellen, was die Wahrscheinlichkeit, dass Sie im Sinne dieses zukünftigen Ichs handeln, deutlich erhöht.

Der Psychologe Dr. Ersner-Hershfield, der bereits die fMRI-Studie durchgeführt hatte, versuchte in einem weiteren Experiment herauszufinden, wie er die Neigung der Menschen zum Aufschub der Belohnung steigern kann. Vor Beginn des Experiments machte er Fotos von den Teilnehmern und verwendete eine Software, um digitale Avatare von ihnen zu erstellen. Die Hälfte der Teilnehmer hatte Avatare ihres aktuellen Ichs, während die Avatare der anderen Hälfte gealtert waren, mit hängenden Wangen, Tränensäcken und grauem Haar.

Die Probanden erkundeten dann in ihren Avataren virtuelle Umgebungen und gelangten schließlich zu einem Spiegel, der entweder ihr aktuelles oder ihr zukünftiges Ich reflektierte. Im Anschluss an diese Virtual-Reality-Erfahrung wurden die Teilnehmer gefragt, wie sie die 1.000 Dollar einsetzen würden, wobei sie vier Möglichkeiten hatten: ein Geschenk für einen besonderen Menschen kaufen, in einen Rentenfonds investieren, ein lustiges Ereignis planen oder das Geld auf ein Girokonto einzahlen. Diejenigen, die eine gealterte Version ihrer selbst im virtuellen Spiegel gesehen hatten, investierten fast doppelt so viel Geld in den Rentenfonds wie die anderen Teilnehmer.

Als experimentelle Kontrolle testeten die Forscher auch, wie Personen reagieren würden, wenn sie ältere Avatare anderer Personen sehen. Sie fanden jedoch heraus, dass nur die Teilnehmer, die ihr eigenes zukünftiges Ich sahen, langfristige Optionen stärker bevorzugten als diejenigen, die ihr gegenwärtiges Ich sahen. Mit anderen Worten: Die greifbare Visualisierung des eigenen zukünftigen Ichs lässt dieses zukünftige Ich weniger wie einen Fremden erscheinen. Infolge dieser Visualisierung treffen die Menschen mit größerer

Wahrscheinlichkeit Entscheidungen, die langfristig besser für sie sind.

Wenn Sie eine ähnliche Erfahrung machen wollen wie die Teilnehmer, denen gealterte Versionen von sich selbst gezeigt wurden, können Sie online nach Apps oder Software für die Gesichtsalterung suchen, die Ihnen zahlreiche kostenlose Optionen bieten. Dies kann ein sehr wirksames Mittel sein, um die Befriedigung hinauszuzögern und sich zu disziplinieren, weil es Ihnen hilft, sich mehr um Ihr zukünftiges Selbst zu kümmern, als Sie es ohne diese Visualisierung tun würden. Dieser Schritt ist jedoch nicht unbedingt erforderlich.

Eine praktischere Anwendung der Ergebnisse der Studie besteht darin, sich vorzustellen, dass Ihr zukünftiges Ich die Folgen der Handlungen Ihres gegenwärtigen Ichs stärker zu spüren bekommt. Stellen Sie sich zum Beispiel vor, dass Sie versucht sind, die Arbeit aufzuschieben. Anstatt dieser Versuchung nachzugeben, könnten Sie sich vorstellen, dass Ihr zukünftiges Ich die Arbeit nicht erledigt und dadurch Gelegenheiten verpasst, Kontakte zu knüpfen, Spaß zu haben oder sich einfach nur zu entspannen, weil Ihr jetziges Ich faul sein will. Versetzen Sie sich so detailliert wie möglich in die Lage Ihres zukünftigen Ichs. Denken Sie darüber nach, wie sehr Sie darunter leiden werden und wie hoch der tatsächliche Preis für Ihre mangelnde Disziplin ist.

Es ist leicht zu sagen, dass man etwas später tun wird, wenn man nicht wirklich darüber nachdenkt, aber wenn man wirklich gründlich darüber nachdenkt, gibt man sich die Möglichkeit, diszipliniert zu sein. Dann liegt die richtige Entscheidung meist auf der Hand und fällt sogar leichter.

Die 10-10-10-Regel

Ganz gleich, wie gut Sie sich Ihr zukünftiges Ich vorstellen oder wie geschickt Sie darin sind, die Befriedigung hinauszuzögern, Sie werden dennoch unweigerlich mit Versuchungen oder dem Drang nach Disziplinlosigkeit konfrontiert, die Sie überwältigen können. Wenn das bedeutet, dass Sie für eine Mahlzeit weniger streng mit Ihrer Ernährung umgehen, während Sie mit Freunden unterwegs sind, ist das wahrscheinlich keine große Sache.

Wenn das aber bedeutet, dass Sie kurz davor sind, Ihre Willenskraft zu verlieren und einen Rückfall in eine gefährliche Sucht aus Ihrer Vergangenheit zu erleiden, sollten Sie ein Hilfsmittel in petto haben, das Ihnen hilft, diszipliniert zu bleiben. Hier kommt die 10-10-10-Regel ins Spiel.

Wenn Sie das nächste Mal das Gefühl haben, dass Sie einem Drang oder einer Versuchung nachgeben wollen, halten Sie inne und fragen Sie sich, wie Sie sich in zehn Minuten, zehn Stunden und zehn Tagen fühlen werden. Die 10-10-10-Regel mag nicht besonders wirkungsvoll erscheinen, aber sie ist effektiv, weil sie Sie zwingt, an Ihr zukünftiges Ich zu denken und zu sehen, wie sich Ihre Handlungen in der Zukunft auswirken werden - im Guten wie im Schlechten. Oftmals wissen wir, dass wir im Moment die Disziplin verlieren oder etwas Schädliches tun. Das reicht aber nicht aus, um uns davon abzuhalten, weil wir keine Verbindung zu unserem zukünftigen Ich haben, das mit den Folgen fertig werden muss. Die 10-10-10-Regel stellt diese Verbindung schnell her, und das kann den Unterschied zwischen Erfolg und Misserfolg der Disziplin ausmachen.

Warum Zeitintervalle von zehn Minuten, Stunden und Tagen? Weil diese Abstufungen Ihnen helfen zu erkennen, wie kurzfristig ein Vergnügen oder ein Komfort, dem Sie sich hingeben, im Verhältnis zu seinen langfristigen Folgen ist. Nach zehn Minuten fühlen Sie sich vielleicht gut, und es schleicht sich vielleicht nur ein wenig Scham ein. Nach zehn Stunden werden Sie vor allem Scham und Bedauern empfinden. Zehn Tage später werden Sie vielleicht von Reue zerfressen sein, weil Sie sich der negativen Folgen bewusst geworden sind, die Ihre Entscheidung oder Handlung auf die Verfolgung Ihrer langfristigen Ziele hatte.

Andererseits könnten Sie die 10-10-10-Regel anwenden und feststellen, dass eine Nachlässigkeit in der Disziplin in diesem Moment in zehn Tagen keinen Unterschied machen wird. Wenn das der Fall ist, können Sie sich ohne Schuldgefühle oder Scham ein bisschen was gönnen.

Stellen Sie sich zum Beispiel vor, Sie wenden die 10-10-10-Regel an, wenn Sie entscheiden, ob Sie ein Training ausfallen lassen, um mit Kollegen essen zu gehen oder nicht. Wenn Sie gerade erst mit dem Training begonnen und es noch nicht zu einer festen Gewohnheit gemacht haben, könnte Ihre Entscheidung, ein einziges Training ausfallen zu lassen, die Wahrscheinlichkeit erhöhen, dass Sie künftige Trainingseinheiten ausfallen lassen oder Ihre Fitnessroutine ganz aufgeben.

Wie werden Sie sich in zehn Minuten, Stunden und Tagen fühlen? Zehn Minuten - gut, mit einem leichten Anflug von Bedauern, denn Sie können die Lasagne oder das Eis immer noch schmecken. Der Genuss ist immer noch spürbar. Zehn Stunden - fast ausschließlich Bedauern, weil das Vergnügen vorbei ist und Ihre Diät gründlich zerstört wurde. Zehn Tage - 100 Prozent Bedauern, denn die gebrochene Disziplin ist nun völlig bedeutungslos und nur noch eine blasse Erinnerung.

Wenn Sie hingegen bereits regelmäßig und mit Freude Sport treiben, dann wird Ihnen die Vorstellung, wie Sie sich in zehn Tagen fühlen werden, schnell zeigen, dass ein ausgelassenes Training Ihrer langfristigen Disziplin und Ihren Zielen nicht schadet.

Und wenn Sie sich nicht von der 10-10-10-Regel leiten lassen oder Ihr Dilemma mit der Willenskraft besonders schwierig ist, können Sie eine letzte Frage an sich selbst hinzufügen. Und zwar können Sie sich überlegen, wie sich die Unterbrechung Ihrer Willenskraft in diesem Moment in zehn Wochen oder sogar längerfristig auf Sie auswirken wird. Wenn Sie hauptsächlich mit längerfristigen Entscheidungen und Aufgaben beschäftigt sind, sollten Sie die Parameter vielleicht auf zehn Wochen ändern.

In diesem Prozess ist es natürlich wichtig, ehrlich zu sich selbst zu sein und sich vor der eigenen Fähigkeit, zu rationalisieren und Ausreden zu finden, zu hüten. Vielleicht haben Sie in der Vergangenheit mehrmals versucht, mit einer Sucht aufzuhören, sind aber gescheitert und haben das schädliche Verhalten noch verstärkt. Wenn Sie in der Vergangenheit nach einer einzigen Disziplinlosigkeit in schlechte Gewohnheiten zurückgefallen sind, dann wird Ihnen eine ehrliche Einschätzung, wie

Sie sich nach zehn Tagen oder zehn Wochen fühlen würden, sagen, dass Sie sich jetzt einfach keinen mehr Ausrutscher leisten können, wenn Sie Ihre langfristigen Ziele erreichen wollen. Es handelt sich nicht um eine Ausnahme oder eine Rechtfertigung in diesem einen Fall - es ist ein Spiegelbild Ihres Charakters, im Guten wie im Schlechten.

Ohne diese Ehrlichkeit und die Fähigkeit, die eigenen Rationalisierungen und Ausreden als das zu erkennen, was sie sind, kann die Anwendung der 10-10-10-Regel eine sinnlose Übung sein.

Im Allgemeinen geht ein besserer Aufschub der Belohnung Hand in Hand mit größerer Selbstdisziplin. Je lebhafter Sie sich Ihr zukünftiges Ich vorstellen und eine Beziehung zu ihm aufbauen können, desto wahrscheinlicher ist es, dass Sie in Momenten der Versuchung die Befriedigung hinauszögern können. Daher sollten Sie nach Möglichkeiten suchen, eine solidere Verbindung zu Ihrem zukünftigen Ich aufzubauen. Sie können damit beginnen, das Beste bis zum Schluss auf Ihrem Teller aufzubewahren und die letzten Bissen, die

Sie aufgespart haben, wirklich zu genießen. Und wenn es nicht so einfach ist, die Belohnung hinauszuzögern, können Sie innehalten und die 10-10-10-Regel anwenden, um die gesündeste Entscheidung zu treffen - angefangen natürlich mit Ihrem Gemüse.

Fazit

- Das Hinauszögern der Befriedigung, d. h. die Entscheidung für langfristige Vorteile gegenüber kurzfristigem Vergnügen, auch wenn dafür einige unangenehme Gefühle in Kauf genommen werden müssen, ist eine zentrale Fähigkeit bei der Ausübung von Selbstdisziplin.
- Das Konzept der aufgeschobenen Belohnung ist nicht neu. Es ist die Fähigkeit, sein Gemüse zu essen, bevor man zum Nachtisch greift. Studien wie das berühmte Stanford Marshmallow-Experiment haben ergeben, dass diese einfache Fähigkeit in hohem Maße mit guter Leistung und Erfolg in verschiedenen Lebensbereichen korreliert.
- Um ein diszipliniertes Leben zu führen, müssen Sie bereit sein, angenehme

Aktivitäten und positive Erfahrungen aufzuschieben, um zuerst die Aufgaben zu erledigen, die Sie erledigen müssen, und Ihre Ziele zu erreichen. Wenn Sie sich dafür entscheiden, die schwierigen Dinge zuerst zu erledigen, erzielen Sie am Ende größere Erfolge und können die Belohnungen, die auf Sie warten, mit gutem Gewissen genießen.
- Eine Strategie, die Ihnen hilft, den Aufschub der Belohnung zu meistern, besteht darin, mehr an Ihr zukünftiges Ich zu denken - das nämlich für Ihr vorübergehendes Leiden belohnt werden wird. Integrieren Sie Ihr zukünftiges Ich mit dem jetzt handelnden Ich. Wenn Sie gefühlsmäßig mit Ihrem zukünftigen Ich verbunden sind, fällt es Ihnen leichter, zum Wohle Ihres zukünftigen Ichs zu handeln, anstatt nur den Launen Ihres gegenwärtigen Ichs zu folgen.
- Schließlich können Sie mit der 10-10-10-Regel einen Blick in die Zukunft werfen. Überlegen Sie, wie Sie sich zehn Minuten, zehn Stunden und zehn Tage, nachdem Sie einen Fehler in der Selbstdisziplin gemacht haben, fühlen oder davon betroffen sein werden. Ist

die Freude, die Sie zehn Minuten später empfinden, die Konsequenzen wert, die eine solche Handlung zehn Tage später haben wird? Seien Sie ehrlich zu sich selbst und machen Sie sich bewusst, dass Sie vielleicht nur rationalisieren, um sofortige Vorteile zu erfahren.

Kapitel 9. Schnell! Lesen Sie dies im Fall einer Versuchung!

Disziplin ist nie einfach. Bestenfalls ist es so, als würde man über einen längeren Zeitraum hinweg nasse Socken tragen. Man weiß, dass es unangenehm ist und dass man es nicht mag, aber man hat sich mittlerweile daran gewöhnt, so dass es einem nicht unbedingt etwas ausmacht, solange es nicht viel schlimmer wird. Am Ende des Tages haben Sie immer noch nasse Socken an.

Aber manchmal ist der Versuch, diszipliniert zu sein, überwältigend schwierig. Es kann dazu führen, dass man am Rande der Frustration oder Erschöpfung zusammenbricht oder sich die Haare rauft. Glücklicherweise gibt es eine Reihe von Fragen, die Sie sich stellen können, um wieder auf den richtigen Weg zu kommen. Die Fragen sollen Ihnen helfen, sich wieder auf Ihre Ziele und Bestrebungen zu besinnen - auf die Dinge, die Sie motivieren, diszipliniert zu sein. Sie können auch Aufschluss über die wahren Gründe geben, warum Sie durchhalten oder aufhören wollen, und so den richtigen Weg aufzeigen.

Wenn Sie sich die Mühe machen, sich diese vier Fragen zu stellen und ehrlich zu antworten, werden Sie sich Ihrer Tendenz zu Rationalisierungen und Ausreden bewusster und können sich bessere Gewohnheiten aneignen, um ein diszipliniertes Leben zu führen.

Frage 1

Die erste Frage, die Sie sich stellen sollten, ist die einfachste. Sie zwingt Sie dazu, sich entweder in ein schlechtes oder in ein positives Licht zu rücken.

Will ich ein disziplinierter Mensch sein oder nicht?

Lassen Sie sich bei der Beantwortung dieser Frage keinen Spielraum - es sollte ein einfaches Ja oder Nein sein. Wenn Sie prokrastinieren oder aufhören, müssen Sie mit Nein antworten. Es gibt keine Ausnahmen, keine Wenns, Unds oder Abers. Entweder Sie sind diszipliniert oder Sie sind es nicht; dazwischen gibt es keinen Spielraum. Wenn Sie diszipliniert sind, werden Sie das tun, worauf Sie keine Lust haben, denn das ist notwendig, um Ihre Ziele zu verfolgen. Sie müssen sich an jedem Punkt auf die eine oder andere Weise unterordnen.

Natürlich ist die Realität nicht schwarz-weiß. Ein Patzer in der Disziplin macht Sie nicht zu einem undisziplinierten Menschen, sondern nur zu einem Menschen. Aber wenn man an eine Entscheidung oder Handlung so herangeht, als ob sie so schwarz oder weiß wäre, ist das eine starke Motivation gegen das Scheitern, weil man sich nicht als jemand betrachten will, der gar keine Disziplin hat. Jede andere Handlungsweise ist ein Scheitern, wenn es keine Grauzone gibt. Man ist gezwungen, sich zu überlegen, ob man sich damit abfindet, als faul und unmotiviert zu gelten, oder ob man sich darüber erheben und auch dann diszipliniert bleiben will, wenn es einem nicht gut geht.

Sie wollen natürlich mit „Ja" antworten können - dass Sie diszipliniert sind. Da es keine Möglichkeit gibt, mit „Ja" zu antworten und dann die Disziplin schleifen zu lassen, werden Sie sich gezwungen fühlen, die richtige Entscheidung zu treffen.

Stellen Sie sich vor, Sie haben eine Arbeit zu erledigen, fühlen sich aber müde und wollen sie aufschieben, um sich zu entspannen. Je mehr Zeit Sie damit verbringen, diese Entscheidung zu analysieren, desto mehr Gelegenheit geben Sie sich, Ihre Faulheit zu rationalisieren. Ohne Kontrolle würde Ihr Verstand Sie schnell davon überzeugen, dass es nichts Schlimmes ist, die Arbeit aufzuschieben, bis Sie weniger müde sind oder die Arbeit dringender ist. Aber wenn Sie die

Entscheidung schwarz oder weiß treffen, wissen Sie, dass die eine Handlung diszipliniert ist und die andere nicht. Sie ersticken diesen Gedankengang im Keim und stürzen sich in die Arbeit, weil Sie sich nicht als undisziplinierte Person sehen wollen.

An diesem Punkt können Sie sich nichts mehr vormachen oder Ihr disziplinloses Handeln rationalisieren. Wenn Sie sich entscheiden, nicht mit der Arbeit zu beginnen, ist das ein klarer Beweis dafür, dass Sie bei der Verfolgung Ihrer Ziele keine Disziplin haben. Manchmal gibt uns ein einfacher Ansatz den Anstoß, den wir brauchen, um ein Versagen der Selbstdisziplin zu vermeiden. Es hat auch den zusätzlichen Effekt, dass Sie zum Handeln gezwungen werden.

Denken Sie daran, dass ein diszipliniertes Leben aus vielen kleinen disziplinierten Handlungen besteht. Da das Leben auf Schritt und Tritt mit Versuchungen und Ablenkungen gespickt ist, ist Selbstdisziplin keine einmalige Entscheidung, sondern eine wiederkehrende Wahl. Wenn Sie immer wieder Entscheidungen zugunsten der

Selbstdisziplin treffen, werden Sie bald eine Reihe von Taten vollbringen, die sich schließlich zu einem disziplinierten Leben summieren.

Frage 2

Die zweite Frage, die Sie sich stellen sollten, wenn Ihre Disziplin ins Wanken gerät, kann schädliche Rationalisierungen weiter verhindern. Je schlauer man ist, desto leichter kann man sich selbst etwas vormachen. Deshalb ist es wichtig, wirklich zu verstehen, warum man im Begriff ist, die Disziplin zu brechen.

Tue ich das Richtige oder nur das, was einfach ist?

Das Richtige zu tun, bedeutet sehr oft, das Schwierige zu tun. Leider ist das häufig genau das Gleiche. Der Durchschnittsmensch entscheidet sich in der Regel nicht für die schwierigere Alternative, weshalb Disziplin oft die fehlende Komponente für viele Menschen ist, die ihre Ziele nicht erreichen. Menschen neigen dazu, bewusst oder unbewusst den Weg des geringsten Widerstands zu gehen.

Wenn Sie nicht wollen, dass es Ihnen so ergeht, müssen Sie in der Lage sein, genau zu beurteilen, ob Sie das Richtige tun oder nicht.

Wenn Sie nicht mit Sicherheit sagen können, dass Sie das Richtige tun, sind Sie gezwungen zu erkennen, wie Sie sich herausreden. Das ist ein wichtiger Schritt, denn Sie werden keine Disziplin aufbauen und Ihre Ziele nicht erreichen, wenn Sie Ihren eigenen Rationalisierungen und Ausreden Glauben schenken. Wenn Sie nicht das tun, was Sie tun sollten, dann ist alles, was Sie sagen, schlicht und einfach eine Ausrede.

Irgendwann in Ihrem Leben sind Sie wahrscheinlich zu einer Veranstaltung eingeladen worden, die Sie nicht besuchen wollten. Manchmal fällt uns in dieser Situation eine Ausrede ein, die denjenigen, der uns eingeladen hat, nicht verletzen würde. Wir tun dies, weil wir denken, dass es weniger unhöflich oder konfrontativ ist, als einfach die Wahrheit zu sagen – nämlich, dass wir nicht hingehen wollen. Doch oft erkennen wir nicht, wenn wir uns selbst genau das Gleiche antun, um uns besser zu fühlen. Es wäre wirklich besser, wenn Sie anfangen würden, ehrlich und offen mit sich selbst über Ihr Verhalten zu sprechen.

Anstatt sich zu überlegen, warum man einen Lauf auslässt, „weil es draußen zu heiß ist" oder „es zu spät ist", würde man sich einfach sagen: „Ich gehe heute nicht laufen, weil ich zu schwach und zu faul bin, um Disziplin zu halten".

Warum lassen Sie in Wirklichkeit den Lauf sausen? Weil Sie faul sind. Sie wissen, dass es das Richtige ist, zu laufen. Es gibt hier keinen Spielraum, genau wie bei der ersten Frage dieses Kapitels. Indem Sie sich diese Fragen stellen, werden Sie die Ausreden und Rationalisierungen erkennen, die Sie normalerweise anbringen. Sie werden brutal ehrlich und konfrontativ mit sich selbst, was einen Unterschied machen und zu einer Verhaltensänderung führen kann.

Sie sollten immer darauf aus sein, sich zu vergewissern, dass Sie das Richtige tun, und das bedeutet häufig, dass Sie sich ein wenig mehr anstrengen müssen. Aber wenn Sie es konsequent tun, zahlt sich diese zusätzliche Anstrengung aus.

Sie könnten zum Beispiel die Möglichkeit haben, bei einer Prüfung zu schummeln. Da der typische Schüler weiß, dass er nicht erwischt wird, nutzt er diese Gelegenheit zum Schummeln und denken nicht weiter darüber nach. Aber dann kommt die Abschlussprüfung, und jetzt wird die Prüfungsumgebung viel strenger überwacht, so dass Schummeln riskant oder sogar unmöglich wäre. Die Studierenden, die bei früheren Prüfungen nicht geschummelt haben und sich auf ihr eigenes Lernen verlassen haben, haben den Stoff während des Semesters gelernt und haben gute Chancen auf Erfolg, während die Studierenden, die sich durch das ganze Semester gemogelt haben, in der Abschlussprüfung nichts wissen werden.

Das Erreichen Ihrer Ziele ist nicht viel anders als das Bestehen der Abschlussprüfung. Sicher, man kann durch Abkürzungen und Rationalisierungen kleine Erfolge erzielen, aber irgendwann holt es einen ein und man stellt fest, dass man nicht das Zeug dazu hat, sein Ziel tatsächlich zu erreichen. Das Richtige zu tun, mag sich im Moment wie der schwierigere Weg anfühlen, aber wenn man es konsequent tut, ist es der effizienteste Weg, um seine Ziele zu erreichen.

Frage 3

Ohne Ziele und Bestrebungen wird sich Disziplin wie sinnloses Leiden anfühlen. Deshalb werden wir oft disziplinlos, wenn wir nicht mit unseren Zielen verbunden sind. An dieser Stelle kommt die dritte Frage ins Spiel. Sie bringt Klarheit darüber, was Sie zu erreichen versuchen, und den wirklichen Grund, warum Sie leiden oder unbequeme Disziplin üben.

Dies ist das Gemüse, und was gibt es zum Nachtisch?

Im Grunde genommen verhalten Sie sich diszipliniert und nehmen jetzt Unannehmlichkeiten auf sich, damit Sie in Zukunft einen persönlichen Nutzen daraus ziehen können. Das disziplinierte Verhalten ist das Gemüse, und die Belohnung ist der Nachtisch. Man kann leicht ins Straucheln geraten, wenn man vergisst, was die Belohnung ist.

Wenn Sie Ihre Ziele oder die Belohnung, die Sie sich durch Ihre Disziplin verdienen, aus den Augen verlieren, wird Ihre Disziplin scheitern, weil Sie, wie bereits erwähnt, das Gefühl haben werden, sinnlos zu leiden. Wenn Sie keine klare Vorstellung davon haben, worauf Sie hinarbeiten, verlieren Sie leicht das Gefühl, dass Sie anstrengen sollten.

Wir verlieren das Dessert vor allem in zweierlei Hinsicht aus den Augen.

Erstens: Wir vergessen es. Deshalb ist es äußerst wichtig, Erinnerungen an leicht zugänglichen Orten aufzubewahren und sich immer wieder in Erinnerung zu rufen, *wofür* die Disziplin notwendig und lohnend ist. Verwenden Sie Bilder, Erinnerungen und Hinweise jeder Art, um Ihre zukünftigen Belohnungen so greifbar wie möglich zu machen.

Zweitens ist die Nachspeise an sich nicht überzeugend und daher nicht mit einer ausreichenden Motivation verknüpft. Wenn das Dessert oder die Belohnung nicht bedeutend genug ist, um die vorübergehenden Unannehmlichkeiten zu rechtfertigen, die man durch die Disziplin erfährt, wird es viel schwieriger sein, am Ball zu bleiben. Sie müssen genau wissen, was die Belohnung ist, die Sie anstreben, und idealerweise sollte es etwas sein, an das Sie täglich denken und das Ihnen wichtig ist. Sie sollten auch bedenken, wie es zu Ihrem Leben in einem größeren Rahmen beiträgt und welche Vorteile Sie daraus ziehen.

Achten Sie außerdem darauf, dass das Ziel, für das Sie sich disziplinieren wollen, wirklich eines ist, das Sie sich selbst gesetzt haben, und nicht eines, das andere für Sie ausgewählt haben. Wenn Sie sich nicht auf den Nachtisch freuen, werden Sie sich nicht so sehr motiviert fühlen, Ihr Gemüse zu essen. Die Nachspeise sollte sozusagen etwas sein, das Sie selbst aus dem Menü ausgewählt haben. Auf diese Weise würde es Ihnen leichter fallen, Ihren Kampf um Selbstdisziplin als Mittel zu sehen, um etwas zu bekommen, das Sie wirklich wollen.

Bodybuilder sind ein Beispiel für Menschen, die wirklich für ihren Erfolg leiden. Sie müssen monatelang vor einem Bodybuilding-Wettbewerb eine gesunde Ernährung und ein konsequentes Trainingsprogramm einhalten. Dann, in der Woche vor dem Wettkampf, reduzieren sie ihre Nahrungsaufnahme auf einen Bruchteil und trainieren noch härter. Das ist ein echter Leidensweg auf körperlicher, geistiger und emotionaler Ebene.

Dennoch halten sie Jahr für Jahr durch, weil sie das Gefühl haben, dass sich ihr Einsatz lohnt. Sie haben das Gefühl, dass ihr Leiden ein fairer Gegenwert für die Auswirkungen auf ihr Leben und die Vorteile ist, die ihr Körperbau ihnen bringen kann. Sie haben die Möglichkeit, durch Werbeeinnahmen buchstäblich zu Millionären zu werden, über die Konkurrenz zu triumphieren, die Spitze ihres Sports zu erreichen und zu Legenden zu werden. Das Leiden ist ihnen den potenziellen Gewinn wert, und sie werden täglich daran erinnert, um auf Kurs zu bleiben.

Fragen Sie sich also: Wofür mache ich das alles wirklich? Wahrscheinlich haben Sie nicht die extremen Disziplinanforderungen eines Bodybuilders, aber Sie sollten dafür sorgen, dass Ihre Belohnung hervorsticht und Sie wirklich bewegt. Je mehr Disziplin Sie sich abverlangen, desto größer muss die Belohnung sein, die Sie am Ende erhalten. Unabhängig davon, wie ehrgeizig Ihre Ziele sind, Sie sollten sie sich immer wieder ins Gedächtnis rufen, damit Sie die Notwendigkeit von Disziplin verstehen und daran festhalten.

Frage 4

Haben Sie schon einmal einem Drang nachgegeben, ohne sich dessen bewusst zu sein, dass Sie es in diesem Moment getan haben? Für die meisten von uns lautet die Antwort „Ja", was uns zur letzten Frage zur Vermeidung von Misserfolgen bringt. Wenn wir die schwierigste aller Aufgaben bewältigen können, nämlich über unser Denken nachzudenken, können wir unsere Impulse besser zähmen und diszipliniert handeln.

Bin ich mir meiner selbst bewusst?

Machen Sie sich keine Vorwürfe, wenn Sie sich selbst mal nicht im Griff haben, das passiert jedem. Wie Sie jedoch wissen, sind Ablenkungen und Impulse der Feind der Disziplin. Studien haben gezeigt, dass Menschen, die beim Lebensmitteleinkauf abgelenkt sind, mit größerer Wahrscheinlichkeit Lebensmittelproben essen und Impulskäufe tätigen als bewusste Käufer. Und warum auch nicht? Logisches Denken ist unmöglich, wenn man abgelenkt ist, daher ist es nicht sehr wahrscheinlich, dass man in solchen Fällen die richtige Entscheidung trifft.

Die Selbstwahrnehmung ist sehr wichtig, um Ihre Selbstdisziplin zu unterstützen oder zu sabotieren. Wenn Ihre Gedanken ständig von der Gegenwart abschweifen, werden Sie nicht einmal merken, wenn Ihre Disziplin nachlässt, bis es zu spät ist. Und nicht nur das, auch das „Warum" aus der dritten Frage nützt Ihnen nichts. Sie sollten Dinge wie Stress, Furcht und Angst so weit wie möglich reduzieren, um in Ihrem täglichen Leben präsent und klar im Kopf zu bleiben.

Natürlich hat sich die Meditation als eine praktikable Methode erwiesen, um diesen Zustand des gegenwärtigen Bewusstseins zu erreichen. Wirklich alles, was Sie dazu bringt, sich auf die Gegenwart zu konzentrieren, ist eine gute Sache - ob Sie nun Kunst schaffen, Musik hören oder Sport treiben. Jede Aktivität, die zu mehr Selbstbewusstsein in Ihrem täglichen Leben führt, hilft letztlich auch bei der Selbstdisziplinierung.

Wenn Sie sich darauf besinnen, sich diese Fragen zu stellen, sind Sie sich natürlich in gewisser Weise selbst bewusst. Aber wenn Sie die letzte Frage ehrlich mit „Ja" beantworten, bedeutet das auch, dass Sie den Versuchungen nicht nachgeben oder ihnen erliegen.

Ein Beispiel: Jemand, der süchtig nach Pornografie ist, tut vielleicht gut daran, sie zu vermeiden, stößt dann aber auf ein erregendes Bild in den sozialen Medien, das seine Sucht auslöst. Sich in diesem Moment seiner selbst bewusst zu sein, bedeutet, dass man in dem Moment, indem man die Reaktion auf das Bild spürt, erkennt, dass es schwieriger wird, diszipliniert zu bleiben.

Anstatt also gedankenlos in den sozialen Medien zu bleiben und noch mehr Bilder anzuschauen, bis der Drang stärker wird, hilft Selbsterkenntnis, den Drang an einer überschaubaren Stelle zu stoppen. Man kann sich vielleicht nicht selbst auf frischer Tat ertappen, aber wenn man sich seiner selbst bewusst ist, kann man sich zumindest immer früher dessen bewusst werden, anstatt eine Stunde lang in den sozialen Medien zu sitzen und sich dann zu fragen, wo die Zeit geblieben ist.

Unser Gehirn sucht in der überwiegenden Mehrheit der Fälle einfach nur nach hedonistischem Vergnügen. Mit mehr Selbstbewusstsein können Sie jedoch innehalten und die Muster und Verhaltensweisen untersuchen, die Sie auf negative Pfade führen können.

Jede der vier Fragen aus diesem Kapitel kann für sich genommen hilfreich genug sein, um einen Disziplinverlust zu verhindern. Die Tatsache, dass Sie dieses Buch lesen, bedeutet, dass Sie diszipliniert sein wollen, also ist es ein guter erster Schritt, sich zu fragen, ob Ihre Handlungen Disziplin widerspiegeln. Wenn Sie sich weiter fragen, ob Sie das Richtige tun oder es sich eher leicht machen, müssen Sie sich mit Ihren Neigungen zu Rationalisierungen und Ausreden auseinandersetzen. Indem Sie sich immer wieder Ihre Ziele und Beweggründe vor Augen führen, entwickeln Sie ein starkes Gefühl dafür, wie wichtig es ist, diszipliniert zu sein. Und schließlich hilft Ihnen die Selbsterkenntnis dabei, bei Ihren disziplinierten Bemühungen konzentriert und klar zu bleiben.

Stellen Sie sich selbst in Frage, seien Sie ehrlich in Ihrer Reaktion und beobachten Sie, wie Ihre Gewohnheiten der Disziplin immer stärker werden.

Fazit

- Der Weg der Selbstdisziplin ist gespickt mit verlockenden Umwegen, einem steinigen Pflaster und frustrierenden Straßensperren. Sie brauchen Werkzeuge, die Ihnen helfen, solche Herausforderungen zu meistern. Angesichts jeder Versuchung, Ablenkung oder jedes Impulses gibt es ein vierfaches Werkzeug, mit dem Sie Ihre Selbstdisziplin stärken können - vier erhellende Fragen, die Sie sich in solchen Fällen sofort stellen müssen.

- „Will ich ein disziplinierter Mensch sein oder nicht?" Diese Frage können Sie nur mit einem Ja oder einem Nein beantworten; Rationalisierungen, Feilschen, Ausnahmen und Bedingungen sind nicht erlaubt. Wenn Sie eine Aufgabe aufschieben, um der Versuchung nachzugeben, muss die Antwort Nein lauten. Indem Sie gezwungen werden, sich auf eine solche Schwarz-oder-Weiß-Klassifizierung festzulegen, werden Sie sich besser bewusst, wie Sie Ihr Versagen in der Selbstdisziplin rationalisieren.
- „Tue ich das Richtige oder nur das, was einfach ist?" Das Richtige zu tun, d. h. Selbstdisziplin zu üben, bedeutet oft, dass man das Schwierige tun muss. Wenn Sie immer den Weg des geringsten Widerstands gehen, dann entwickeln Sie wahrscheinlich keine Disziplin und lassen sich von Ihrem Bedürfnis nach Bequemlichkeit den Lauf Ihres Lebens diktieren.
- „Was bekomme ich zum Nachtisch?" Bei dieser Frage geht es darum, sich den Grund vor Augen zu führen, warum man

jetzt so viel opfert, nämlich die Belohnung am Ende des Weges. Wenn Sie Ihr Ziel aus den Augen verlieren, wird es viel schwieriger, die Selbstbeherrschung aufrechtzuerhalten und die Reise dorthin zu genießen. Sie können Ihre Selbstdisziplin stärken, indem Sie sich ständig an Ihre Ziele erinnern und dafür sorgen, dass diese Ziele für Sie so überzeugend sind, dass Sie durchhalten.

- „Bin ich mir meiner selbst bewusst?" Selbstdisziplin erfordert Selbsterkenntnis. Wenn Sie nicht erkennen, wie Sie Ihre Faulheit entschuldigen oder welche Motive Sie zum Handeln antreiben, wird Ihnen die Ausübung von Selbstdisziplin sehr viel schwerer fallen. Meditation und kreative Tätigkeiten, die Sie dazu bringen, sich auf die Gegenwart zu konzentrieren und Ihre Selbstwahrnehmung zu kultivieren, können Ihnen helfen, Versuchungen zu widerstehen und Ihre Ziele zu erreichen.

Kapitel 10. Einstellung und Herangehensweise sind alles

Ihre Denkweise hat einen großen Einfluss darauf, wie positiv oder negativ Sie Ihr Leben und die Welt um Sie herum wahrnehmen, wie Sie angesichts mehrerer Optionen Entscheidungen treffen und wie diszipliniert Sie sind. Es gibt zahlreiche wissenschaftliche Belege für die Vorteile einer positiven Einstellung in Bezug auf Motivation und Disziplin - ganz zu schweigen von den Vorteilen in anderen Bereichen des Lebens.

In diesem Kapitel geht es um einige Möglichkeiten, eine positivere und optimistischere Sichtweise einzunehmen, und um die Verbesserungen, die sich daraus ergeben werden.

Geschenkter-Fortschritt-Effekt

Eine Möglichkeit, eine disziplinierte Denkweise zu entwickeln, ist die Nutzung des so genannten *Geschenkter-Fortschritt-Effekts, der* besagt, dass man sich an dem orientieren sollte, was man bereits hat. Bei einem Videospiel, bei dem man im Laufe des Spiels Münzen oder Punkte sammelt, würde man zum Beispiel von Anfang an ein paar Münzen oder Punkte haben, damit man sich eher auf das Spiel einlässt.

Der Grundgedanke ist, dass Menschen sich mehr anstrengen, um etwas zu erreichen, wenn sie sich bewusst sind, dass sie nicht bei Null anfangen und somit schon näher am Ziel. Wenn man also eine Art künstlichen Fortschritt auf dem Weg zu einem Ziel bietet, dann erhöht sich die Wahrscheinlichkeit, dass eine Person die restliche Arbeit auf sich nimmt, um das Ziel zu erreichen.

Die Forscher Joseph C. Nunes und Xavier Dreze testeten diese Theorie auf raffinierte

Weise anhand von Kundenkarten für eine Autowaschanlage. Sie verteilten zwei verschiedene Karten - eine, bei der man acht Einkäufe tätigen muss, um eine kostenlose Autowäsche zu erhalten, und eine andere, bei der man zehn Einkäufe tätigen muss, bei der aber bereits zwei Felder abgestempelt sind. Unabhängig davon, welche Karte ein Kunde erhielt, erforderten sie alle den gleichen Aufwand, um eine kostenlose Autowäsche zu erhalten. Die künstliche Förderung des Ziels durch die Karten, die bereits zwei Stempel hatten, führte jedoch zu einem bedeutenden Ergebnis. Neun Monate nach der Ausgabe der Karten hatten 34 Prozent der Personen, die Karten mit zwei Freistempeln erhalten hatten, diese auch eingelöst, während nur 19 Prozent der Personen ohne Freistempel dies getan hatten.

Der Geschenkter-Fortschritt-Effekt besteht darin, dass die wahrgenommene Anstrengung, die notwendig ist, um ein Ziel zu erreichen, verringert wird, während das Gefühl des bereits erreichten Fortschritts verstärkt wird. Dies führt dazu, dass die Menschen eher bereit sind, sich anzustrengen, um das Ziel zu erreichen.

Dieses Konzept des geschenkten - oder belohnten - Fortschritts ist anders und wirkt sich anders auf die Motivation aus als der verdiente Fortschritt. Ein Kunde, der bereits drei Autowäschen erhalten hat und noch sieben weitere erhalten muss, um eine Gratiswaschung zu erhalten, fühlt sich möglicherweise anders als ein Kunde, der dieselben drei Stempel hat, aber zwei davon umsonst erhalten hat.

Diese Beispiele beschreiben zwar Szenarien, in denen die Werbung den Geschenkter-Fortschritt-Effekt auf etwas manipulative Weise nutzen kann, aber die Lektion ist dennoch wertvoll, wenn Sie sie auf Ihre tägliche Selbstdisziplinierungspraxis anwenden.

Wenn Sie sich vorstellen können, dass Sie bereits Fortschritte auf dem Weg zu einem Ziel gemacht haben oder mit einem Vorsprung beginnen, ist es wahrscheinlicher, dass Sie bei der Verfolgung dieses Ziels diszipliniert bleiben. Sie sollten Ihre Fortschritte visuell und auch im übertragenen Sinne quantifizieren, damit Sie das Gefühl haben, dass Sie weit von einem Nullpunkt entfernt sind. Wenn

Sie bereits in irgendeiner Weise in die Erreichung eines Ziels investiert haben, können Sie sich überlegen, wie es sich anfühlen würde, wenn Sie die investierte Zeit, Mühe und Ressourcen vergeuden würden, wenn Sie das Ziel nicht erreichen.

Überlegen Sie, wie Sie die Fortschritte, die Sie bereits gemacht haben, quantifizieren können, auch wenn Sie noch nicht mal richtig angefangen haben. Sie haben bestimmte Eigenschaften, Fähigkeiten und Vorteile, die Sie weiter bringen als viele andere. Sie zählen!

Ein Beispiel: Ihr Ziel ist es, Gitarre spielen zu lernen. Sie haben vielleicht noch nie in Ihrem Leben eine richtige Gitarre gespielt, aber das heißt nicht, dass Sie keine Fortschritte gemacht haben. Vielleicht haben Sie bereits eine gute Fingerfertigkeit durch das Spielen eines anderen Instruments oder von Guitar Hero. Vielleicht haben Sie schon gelernt, wie man Noten liest, oder Sie kennen jemanden, der Ihnen Unterricht geben kann. Vielleicht haben Sie sogar einen Freund, der Ihnen seine Gitarre leiht, damit Sie Ihr Geld für den Kauf einer Gitarre sparen kannst.

Vielleicht haben Sie in Ihrer Jugend ein paar Monate lang Ukulele gespielt. All diese Dinge machen den Zeit- und Arbeitsaufwand für das Erlernen des Gitarrenspiels geringer, als wenn Sie bei Null anfangen würden, und das kann Sie motivieren, es zu tun. Sie fanfgen bei 20 Prozent statt bei 0 Prozent an, und das kann sich bedeutsam anfühlen. Es gibt Ihnen das Gefühl, dass der Ball bereits ins Rollen gekommen ist und Sie ihn nur noch am Laufen halten müssen, anstatt den Prozess selbst in Gang zu setzen.

Nähe des Ziels

Ein ähnliches Konzept wie der „Geschenkter-Fortschritt-Effekt" ist die Idee der *Zielnähe*, die besagt, dass wir uns umso mehr anstrengen, je näher wir einem Ziel kommen.

Die Hypothese wurde erstmals in den 1930er Jahren von dem Forschungspsychologen Clark Hall entwickelt, der bei einem Experiment beobachtete, dass Ratten, die ein Labyrinth durchliefen, umso schneller liefen, je näher sie dem Futter kamen. Ein anderer Forscher,

Judson Brown, wählte im folgenden Jahrzehnt einen modifizierten Ansatz für seine Studie. Er befestigte Gurte an Ratten, die auf das Futter zuliefen, und maß dann, wie stark sie am Gurt zogen, je nachdem, wie weit sie vom Futter entfernt waren. Ähnlich wie bei Hall und seinem Labyrinth-Experiment stellte Brown fest, dass die Ratten sich umso mehr anstrengten, je näher sie dem Futter waren.

In diesem Fall funktionieren unsere Gehirne nicht viel anders als die von Ratten. Das Gefühl, keine Fortschritte auf dem Weg zu einem Ziel gemacht zu haben, kann dazu führen, dass das Ziel unerreichbar oder vielleicht einfach nicht erstrebenswert erscheint. Aber auch in diesem Fall kann ein künstlich herbeigeführter Fortschritt dem Ziel einen tatsächlichen Impuls verleihen, der uns hilft, es zu erreichen, weil es sich dann näher anfühlt.

Ein Beispiel, das die Zielnähe sehr schön veranschaulicht, ist der Fall von Marathonläufern, die die sechsundzwanzigste Meile schneller laufen als die meisten der vorangegangenen Meilen. Theoretisch müssten die Läufer ganz am Ende des Marathons am langsamsten und müdesten sein. Dennoch laufen sie diesen letzten Abschnitt immer schneller, weil sie wissen, dass sie ihr Ziel fast erreicht haben. Wenn man die Ziellinie sehen kann - im wörtlichen oder übertragenen Sinne -, ist es wahrscheinlicher, dass man den letzten Anstoß gibt, um sie zu erreichen.

Dieser Grundsatz in Verbindung mit dem vorhergehenden bedeutet, dass Sie Ihre Fortschritte stets im Auge behalten und jede noch so kleine Errungenschaft festhalten sollten. Verdeutlichen Sie, wie weit Sie davon entfernt sind, bei 0 Prozent zu beginnen, und wie nah Sie an 100 Prozent herangekommen sind. Aus diesem Grund eignet sich eine Checkliste mit den Aufgaben, die Sie für den Tag erledigen müssen, oder mit den Schritten auf dem Weg zu einem Ziel hervorragend als Motivationsstrategie - das Abhaken der Punkte auf der Liste fühlt sich an sich schon befriedigend an, da es Ihnen einen greifbaren Beweis für Ihren Fortschritt liefert und Ihren Antrieb verstärkt, je weniger Punkte noch zu streichen sind.

Überlegen Sie, wie Ihre Handlungen anderen zugutekommen können

Die meisten Menschen fühlen sich glücklich, wenn sie das Leben anderer Menschen positiv beeinflussen und ihnen helfen können. Wenn man bedenkt, wie sich das eigene Handeln auf die Menschen um einen herum auswirkt, kann das eine starke Quelle der Motivation sein, diszipliniert zu sein und das Richtige zu tun.

Adam Grant, Psychologe an der Wharton School der University of Pennsylvania, fand in seinen Forschungen heraus, dass der Gedanke daran, wie sich unser Handeln auf andere auswirken kann, manchmal ein noch stärkerer Motivator ist als alles Persönliche. Grant fand heraus, dass Krankenhäuser in der Regel versuchen, das medizinische Personal zum sorgfältigen Händewaschen zu bewegen, indem sie es darauf hinweisen, dass die Wahrscheinlichkeit, krank zu werden, steigt, wenn man sich nach dem Besuch bei Patienten nicht häufig die Hände wäscht. Es hat sich jedoch herausgestellt, dass dies nicht die wirksamste Art der Warnung ist.

Obwohl die Angehörigen der Gesundheitsberufe im Allgemeinen wissen, dass konsequentes Händewaschen wichtig ist, waschen sie sich dennoch nur etwa ein Drittel bis die Hälfte der Gelegenheiten, in der sie mit Patienten mit Keimen oder ansteckenden Krankheiten zu tun haben, die Hände. Dies kann auf das zurückgeführt werden, was Psychologen „die Illusion der Unverletzlichkeit" nennen - eine Erklärung dafür, warum Menschen irrationalerweise glauben, dass sie nicht gefährdet sind, krank zu werden.

Außerdem erkannte Grant, dass Schilder, die Ärzte und Krankenschwestern davor warnen, sich im Interesse ihrer eigenen Gesundheit die Hände zu waschen, unwirksam sind. Also entwarf er ein Experiment, bei dem zwei Schilder gegeneinander getestet wurden - eines mit der Aufschrift „Händehygiene verhindert, dass Sie sich Krankheiten einfangen" und das andere mit der Aufschrift „Händehygiene verhindert, dass sich Patienten Krankheiten einfangen". Die Schilder wurden an verschiedenen Stellen des Krankenhauses angebracht, die dann überwacht wurden, um festzustellen, wie oft sich Ärzte und Krankenschwestern die Hände wuschen - und es wurde sogar gemessen, wie viel Seife und Desinfektionsgel verwendet wurde.

Das Schild, das zum Schutz der Patienten zum Händewaschen aufforderte, führte zu 10 Prozent häufigerem Händewaschen und 33 Prozent mehr Seife und Desinfektionsgel pro Spender im Vergleich zu dem Schild, das vor persönlichen Risiken warnte.

Was können wir also, abgesehen von den Erkenntnissen über den Verstand der medizinischen Fachkräfte, aus Grants Forschung lernen?

Wir sollten in erster Linie daran denken, wie sich unser Handeln auf andere auswirkt. Diese Fürsorge kann entweder ein starker Motivator sein, oder sie kann uns zu besserem Verhalten zwingen. Wir haben bereits in früheren Kapiteln darüber gesprochen, dass die Beziehungen, die Sie pflegen, einen deutlichen Einfluss auf Ihre Disziplin und Ihr Leben haben. Dies ist alsoeine weitere Möglichkeit, wie die Menschen in Ihrem Umfeld Ihr Verhalten beeinflussen können.

Wir haben zum Beispiel über Fitness als Beispiel für den Aufbau von Selbstdisziplin gesprochen und darüber, wie das Konzept eines Trainingspartners Ihnen hilft, Verantwortung zu übernehmen. Aber warum genau hilft es, einen Trainingspartner zu haben? Weil Sie ihn nicht im Stich lassen wollen. Laut Grants Arbeit kann man sich auch dadurch motivieren, dass man darüber nachdenkt, wie man dem Leben und der Fitness seines Partners hilft. In Momenten, in denen man sich müde fühlt, reicht es in der Regel nicht aus, sich selbst gegenüber Rechenschaft abzulegen, so dass es effektiver ist, darüber nachzudenken, wie sich die eigene Trägheit negativ auf andere auswirken kann. Andererseits kann die Überlegung, wie Sie andere zum Sport inspirieren können, indem Sie Ihr Bestes geben, Ihnen das nötige Quäntchen Ausdauer verleihen, um auf dem richtigen Weg zu bleiben.

Optimistisch denken

Eine ideale Lebenseinstellung, die der Selbstdisziplin förderlich ist, lässt sich als realistischer Optimismus zusammenfassen -

man hofft auf das Beste und bereitet sich auf das Schlimmste vor.

Versuchen Sie, das Glas immer halb voll zu sehen und in allem, was geschieht, das Positive zu sehen. Das fördert die Selbstdisziplin, denn eine positive Einstellung bereitet Sie darauf vor, mit Misserfolgen und Entmutigungen umzugehen - unvermeidliche Bestandteile eines echten persönlichen Wachstums. Anstatt sich mit diesen Rückschlägen aufzuhalten, lernen Sie daraus und machen weiter. Sie werden nicht entmutigt sein, weil Sie mit Enttäuschungen gerechnet haben, sondern Sie werden spüren, dass das Beste noch vor Ihnen liegt.

Optimismus ist ein Prozess der Selbstüberzeugung.

Mit anderen Worten: Sie *entscheiden sich* dafür, die Welt in einem positiven Licht zu sehen und sich von Ihrer Sucht nach Negativität und Drama zu befreien. Natürlich wird es viel Zeit und Mühe kosten, optimistisch zu werden. Es wäre schön, wenn Sie sich einfach sagen könnten: „Ich werde von jetzt an optimistisch sein" - und es würde tatsächlich geschehen. Da das aber nicht der Fall ist, ist der Weg des geringsten Widerstands, um optimistisch zu werden, ein Weg, der sich auf das tägliche Bewusstsein und Selbstdisziplin sowohl im Denken als auch im Handeln konzentriert.

Wenn Sie allmählich eine optimistischere Einstellung entwickeln, wird es Ihnen immer leichter fallen, Menschen und Situationen zu meiden, die negativ oder unproduktiv sind. Sie werden auch Hoffnung und Potenzial sehen, wo Sie vorher nur Entmutigung sahen. Anstatt sich von Problemen aufhalten zu lassen, werden Sie voller Lösungsvorschläge und der Bereitschaft sein, sie auszuprobieren.

Das vielleicht Wichtigste, was passiert, wenn Sie sich darauf konzentrieren, optimistisch zu sein, ist, dass Sie anfangen, andere positiv Denkende anzuziehen, die Sie wiederum beeinflussen können, größere und bessere Dinge für sich zu tun. Und anstatt Zeit zu verschwenden, die Sie nie wieder zurückbekommen, gehen Sie Aktivitäten und Arbeiten nach, die Sie auf allen Ebenen nähren und stärken.

Wie kann dieser Optimismus Ihnen helfen, diszipliniert zu sein?

Stellen Sie sich vor, Sie haben gerade eine schwere Trennung hinter sich, die Sie mit gebrochenem Herzen und einsam zurückgelassen hat. Ein Pessimist könnte sich in dem Gedanken verstricken, dass er mit einem anderen Partner niemals dasselbe Maß an Liebe und Glück finden wird, oder sich mit dem Bedauern und den Fehlern beschäftigen, die er während der Beziehung gemacht hat. Er wird monatelang emotional gezeichnet sein und den Menschen im Allgemeinen misstrauen. Ein Optimist hingegen wird die Trennung als Chance für persönliches Wachstum begreifen, seine Rolle hinterfragen und dann mit offenem Herzen erneut nach Liebe suchen. Während der Pessimist Monate oder sogar Jahre braucht, bis er in der Lage ist weiterzumachen, ist der Optimist in der Lage, die Trennung zu verarbeiten und daraus zu lernen, während er weiterhin produktiv ist und sein Leben genießt.

Wir alle erleben schwierige Zeiten; es ist eine optimistische Einstellung, die manchen Menschen hilft, in diesen Zeiten diszipliniert und produktiv zu bleiben, während andere ihre Träume und Ziele aus den Augen verlieren.

Denken Sie in Begriffen des Aufwands

Viele Dinge, die uns und unserer Umgebung widerfahren, liegen außerhalb unserer Kontrolle. Wenn wir uns auf das konzentrieren, was wir kontrollieren können - unsere eigenen Anstrengungen -, wird unsere Denkweise viel gesünder. Ergebnisse, egal wie sehr wir uns bemühen, sind zu 100 Prozent von äußeren Einflüssen abhängig.

Solange Sie sich nur auf die Ergebnisse konzentrieren und Ihr Selbstwertgefühl daran knüpfen, werden Sie sich neuen Erfahrungen und dem Eingehen von Risiken verschließen. Wenn Sie Angst vor dem Scheitern haben, wagen Sie vielleicht sogar weniger, um nicht befürchten zu müssen, dass Sie alles geben und es nicht ausreicht. Wenn Sie hingegen Ihren Wert nur an der Anstrengung festmachen, die Sie aufbringen, beginnen Sie, den Prozess unabhängig vom Ergebnis zu genießen.

Das bedeutet nicht, dass Sie keine Ziele mehr haben werden, aber Sie sollten Ihre Ziele auf subtile Weise ändern. Anstatt das Ergebnis selbst anzustreben, das sich nicht kontrollieren lässt, sollten Sie Ihr Ziel darin sehen, im gegenwärtigen Moment Ihr Bestes zu geben. Sie können das kontrollieren und sich dabei gut fühlen.

Vermeiden Sie eine fatalistische Sichtweise, die Sie dazu bringt, sich gar nicht erst zu bemühen, weil „das, was geschehen soll, sowieso geschieht". Es gibt einen richtigen Weg, optimistisch zu sein, und alles leichtfertig dem Schicksal zu überlassen, ohne sich anzustrengen, gehört sicher nicht dazu. Optimismus sollte als Ansporn für Ihre Bemühungen genutzt werden und nicht als Ausrede für das Herumtrödeln.

Wann immer Sie sich in Ihrem Leben gefangen oder festgefahren fühlen, fragen Sie sich, ob Sie sich auf das Ergebnis konzentrieren und darauf, was andere von Ihnen denken, oder ob Sie sich auf den Prozess der Verfolgung Ihrer Ziele einlassen und wirklich in der Gegenwart leben. Wenn Sie die Reise genießen, können Sie Ihre

Gaben und Talente in vollem Umfang ausschöpfen und auf eine Art und Weise manifestieren, die oft zu positiveren Ergebnissen führt.

Fehlerhafte Bemühungen können immer noch zum Erfolg führen, und perfekte Bemühungen können immer noch zum Misserfolg führen. Deshalb ist es wichtig, dass Sie Ihre Leistung von den Ergebnissen loslösen, denn so verhindern Sie, dass Sie die falschen Techniken verstärken. Sie werden effizienter lernen und neue Fähigkeiten entwickeln, wenn Sie in der Lage sind, die Dinge zu erkennen, die Sie in Ihrem Prozess gut gemacht haben, unabhängig davon, ob dies in jedem einzelnen Fall zum gewünschten Ergebnis führt oder nicht.

Nehmen wir zum Beispiel an, Sie haben sich zum Ziel gesetzt, vor einer Reise nach Italien in drei Monaten die Grundkenntnisse der italienischen Sprache zu erlernen. Es wäre sehr diszipliniert, wenn Sie jeden Tag fünfzehn Minuten lang konsequent lernen könnten, auch wenn das nicht viel Zeit ist. Wenn Sie in Italien ankommen, werden Sie vielleicht enttäuscht feststellen, dass Sie Muttersprachler, die sehr schnell sprechen, nicht verstehen. Aber das ändert nichts an der Tatsache, dass Sie sich konsequent bemüht haben, Italienisch zu lernen, und dass Sie zumindest viel mehr Italienisch sprechen können als der typische Tourist.

Es geht darum, sich auf das zu konzentrieren, was Sie kontrollieren können. Die meiste Zeit werden Sie nur teilweise Kontrolle über die endgültigen Ergebnisse in Ihrem Leben haben, aber Sie können die Methode, die Sie verwenden, vollständig kontrollieren. Sie sind voll und ganz in der Lage, jedes Mal Ihr Bestes zu geben.

Fazit

- Ihre Fähigkeit zur Selbstdisziplin hat viel mit Ihrer Einstellung und der Art, wie Sie an das Leben herangehen, zu tun. Mit0der richtigen Einstellung können Sie jedes Hindernis, jede Aufgabe oder Herausforderung, die Ihnen das Leben stellt, mit Disziplin angehen.
- Wenn Sie das Gefühl haben, dass Sie bereits in irgendeiner Weise Fortschritte gemacht haben, sind Sie eher bereit,

weiterzumachen. Dies ist der so genannte „Geschenkter-Fortschritt-Effekt". Anstatt bei Null anzufangen, denken Sie an das, was Sie bereits haben, und bauen Sie darauf auf. Sie fangen nicht bei Null an, sondern verfügen über Fähigkeiten, Fertigkeiten und frühere Erfahrungen, die Sie bei der Verfolgung Ihres Ziels in irgendeiner Weise unterstützen.

- Wenn man das Gefühl hat, dem Ziel relativ nahe zu sein, ist die Wahrscheinlichkeit größer, dass man weitermacht. Das Konzept der Zielnähe im Verhältnis zur Anstrengung besagt, dass Sie sich umso mehr anstrengen, je näher Sie der Ziellinie kommen. Führen Sie also Buch über Ihre Erfolge auf dem Weg dorthin, denn eine Aufzeichnung Ihrer Fortschritte hilft Ihnen, Ihre Selbstdisziplin aufrechtzuerhalten und sogar zu verstärken, um Ihr Ziel zu erreichen.
- Wenn Sie aktiv darüber nachdenken, wie Ihre Bemühungen anderen helfen und nicht nur Ihnen selbst, werden Sie eher bereit sein, weiterzumachen. Wenn Sie daran denken, dass Ihre Handlungen Auswirkungen auf die Menschen um Sie

herum haben, wollen Sie das Richtige tun, denn Sie stellen sich vor, wie gut Sie sich fühlen werden, wenn Sie anderen helfen, und wie schlecht Sie sich fühlen werden, wenn Sie nachlassen und andere im Stich lassen.

- Wenn Sie optimistischer sind, werden Sie mit Sicherheit eher weitermachen. Der Weg der Selbstdisziplinierung ist mit Rückschlägen und Herausforderungen verbunden, die Sie leicht entmutigen und schließlich davon abhalten können, weiterzumachen, wenn Sie die Dinge immer negativ sehen. Wenn Sie dagegen positiv bleiben, vermeiden Sie es, sich mit Misserfolgen aufzuhalten, und haben stattdessen die Energie, die darin enthaltenen Lektionen und Lösungen zu sehen, um weiterzumachen.

Kapitel 11. Aufbau von Routinen und Gewohnheiten für ultimative Selbstdisziplin

Was ist Ihrer Meinung nach wichtiger, wenn es um Selbstdisziplin und das Erreichen von Zielen geht: die Gewohnheit, diszipliniert zu sein, oder eine ausreichende Motivation?

Vielleicht entscheiden Sie sich für die Motivation, weil es schwierig ist, die Belohnung hinauszuzögern und vorübergehende Unannehmlichkeiten in Kauf zu nehmen, ohne hoch motiviert zu sein. In Wirklichkeit ist die Schaffung und Entwicklung einer guten gewohnheitsmäßigen Selbstdisziplin exponentiell wichtiger als Motivation, wenn es darum geht, Ziele zu erreichen und zu bekommen, was man will. Der Grund dafür ist einfach: Motivation ist nur vorübergehend, egal wie viel man davon hat. Sie ist eine Reaktion, ein Gefühl, und diese Dinge vergehen. Gewohnheiten hingegen sind beständig, und sie sind notwendig, um Selbstdisziplin nachhaltig zu machen.

Motivation ist nicht von Dauer

Es ist viel attraktiver und glamouröser, Menschen zu motivieren, als mit ihnen über die Vorteile guter Gewohnheiten zu sprechen. Aber Motivation ist ein vorübergehender Geisteszustand, während Gewohnheiten zu festen Verhaltensweisen werden. Was klingt nachhaltiger: eine Motivationsrede, die jemanden dazu ermutigt, zwölf Stunden lang Löcher zu graben, oder die Gewohnheit, tatsächlich Löcher zu graben?

Motivation ist eine emotionale Reaktion, die aus Aufregung, Verlangen und der Bereitschaft zum Handeln besteht - alles positive Emotionen, die man in Erwartung eines Ziels empfindet. Motivation ist wichtig; ich habe der Motivation in diesem Buch sogar ein ganzes Kapitel gewidmet. Manchmal sind unsere stärksten Handlungen mit einer starken Motivation verbunden. Das Problem mit der Motivation ist, dass sie flüchtig ist und in der Regel nach Stunden oder Tagen - im besten Fall nach Wochen - wieder abebbt.

Disziplin erfordert die Wiederholung von Gewohnheiten, denn wenn Menschen ihre Motivation und emotionale Bindung verlieren, sehen sie all die disziplinierten Handlungen als das an, was sie sind - unangenehme Arbeit.

Wenn Sie die Motivation verlieren, bedeutet das nicht, dass Sie den Wunsch verlieren, etwas zu erreichen. Wenn einige Wochen vergangen sind und die Motivation nachlässt, wollen Sie immer noch ein Medizinstudium aufnehmen, Ihr eigenes Unternehmen gründen oder eine Sucht überwinden. Aber was passiert, wenn der

„Wunsch", etwas zu erreichen, nicht mehr ausreicht, um die notwendigen Anstrengungen zu unternehmen, um es zu erreichen? Höchstwahrscheinlich lassen Sie die Disziplin schleifen oder hören ganz auf, Ihr Ziel zu verfolgen.

Meistens verlieren wir im Laufe der Zeit und durch Wiederholungen unsere emotionale Bindung an alle motivierten Verhaltensweisen. Die euphorischen Gefühle, die mit der Motivation verbunden sind, werden abklingen. Im Gegensatz zu flüchtigen emotionalen Zuständen ist die Gewohnheit der Disziplin ein rationaler Denkprozess, der zu einer dauerhaften Lebensweise wird, wenn er einmal entwickelt und etabliert ist.

Der Süchtige, der seine Sucht endlich überwinden will, wird nur dann erfolgreich sein, wenn er gewissenhaft an den Treffen der Selbsthilfegruppe teilnimmt, zu den Therapiesitzungen geht und die verschriebenen Medikamente korrekt einnimmt. Motivation ist der Wunsch, die Sucht zu besiegen. Disziplin bedeutet, all diese Dinge zu tun, um dies in die Tat umzusetzen.

Die Bildung von Gewohnheiten braucht Zeit

Aristoteles sagte: „Gute Gewohnheiten, die in der Jugend gebildet werden, machen den Unterschied". Es wird angenommen, dass es in der Kindheit leichter ist, Gewohnheiten zu entwickeln, weil unser Geist formbarer ist, aber eine Änderung der Gewohnheiten ist unabhängig vom Alter möglich.

Phillippa Lally, Forscherin für Gesundheitspsychologie am University College London, veröffentlichte im *European Journal of Social Psychology* eine Studie, die sich damit beschäftigte, wie lange der Prozess der Gewohnheitsbildung wirklich dauert. Die Studie wurde über einen Zeitraum von zwölf Wochen durchgeführt. Sie untersuchte das Verhalten von 96 Teilnehmern, die Gewohnheiten auswählten, die sie zu entwickeln versuchten, und dann täglich berichteten, wie automatisch sich das Verhalten anfühlte. Nach der Analyse der Daten stellten Lally und ihr Team fest, dass es im Durchschnitt sechsundsechzig Tage dauerte, bis eine tägliche Handlung zur Selbstverständlichkeit wurde.

Wie lange Sie brauchen, um eine neue Gewohnheit zu entwickeln, hängt von Ihren bisherigen Gewohnheiten und Verhaltensweisen sowie von Ihren persönlichen Umständen ab. Die schnellste Gewohnheit in Lallys Studie wurde in nur achtzehn Tagen entwickelt, während die langsamste zweihundertvierundfünfzig Tage benötigte.

Positive Gewohnheiten sind für die Selbstdisziplin von entscheidender Bedeutung, denn wenn man eine Gewohnheit hat, wird sie zur zweiten Natur. Man kann sich gute Gewohnheiten wie eine eingefrorene, automatische Selbstdisziplin vorstellen, die einem den Weg weist, den man im Leben gehen will. Sie sind eine automatische Reaktion Ihres Unterbewusstseins, für die Sie sich nicht besonders anstrengen müssen.

Etwas, das anfangs viel Selbstdisziplin erfordert, ist zum Beispiel die tägliche Bewegung. Um diese Gewohnheit zu entwickeln, könnten Sie sie jeden Tag zur gleichen Zeit einplanen und sich unmittelbar danach eine kleine Belohnung geben, um einen Anreiz zu schaffen, es zu tun. Nach einem Monat (oder nach zwei Monaten, wie die Studie von Lally ergab) brauchen Sie nicht einmal mehr viel Selbstdisziplin, um ins Fitnessstudio zu gehen, solange Sie sich an Ihre Gewohnheiten halten.

Die Lektion hier ist ganz einfach. Der Aufbau von Gewohnheiten braucht Zeit, und es erfordert Selbstdisziplin, diesen Prozess zu durchlaufen. Aber wenn Sie diese Phase überstanden haben, wird Ihre Gewohnheit Sie dazu bringen, das zu erreichen, wofür Sie früher Selbstdisziplin gebraucht haben. Rechnen Sie damit, dass dieser Prozess mindestens zwei Monate dauern wird.

Es wird eine ganze Weile dauern, bis der Ärger und das Unbehagen bei der Bildung von Gewohnheiten zur Selbstdisziplin verschwinden. Es kann sein, dass Sie diese Gefühle immer noch ab und zu verspüren, aber wenn Sie sich die Gewohnheit bereits angeeignet haben, wird es viel einfacher sein, die aufkommenden negativen Triebe zu kontrollieren.

Der erste Schritt zur erfolgreichen Entwicklung von Gewohnheiten besteht darin, Selbstsabotage zu vermeiden. Das bedeutet, dass Sie lieber klein und überschaubar anfangen sollten, als gleich nach den Sternen zu greifen und sich selbst zum Scheitern zu verurteilen. Wenn Sie nicht in Form sind und fit werden wollen, fangen Sie lieber mit einem zwanzigminütigen Spaziergang pro Tag an, als sich sofort in ein Trainingsprogramm zu stürzen, wodurch Sie Muskelkater bekommen und unglücklich werden. Ein zwanzigminütiger Spaziergang ist ein so leicht zu erreichendes Ziel, dass es unmöglich ist, eine Ausrede zu finden.

Wenn Sie klein anfangen, wird die Aufgabe weniger schwierig empfunden und es fällt Ihnen leichter, dranzubleiben, wenn es Ihnen an Motivation mangelt. Es signalisiert Ihrem Gehirn, dass diese Handlung akzeptabel ist und sogar Spaß macht. Außerdem wird dadurch eine gewisse Vorfreude und Erwartung auf die Handlung aufgebaut. Und natürlich können Sie die Dauer oder den Schwierigkeitsgrad Ihrer neuen Gewohnheit nach und nach steigern, wenn Sie merken, dass Sie Fortschritte machen.

Wenn Sie sich in der Anfangsphase der Gewohnheitsbildung hoch motiviert fühlen, können Sie das sicherlich nutzen, um Ihrem Ziel mit größeren Schritten näher zu kommen. Aber denken Sie daran, dass Disziplin und Anstrengung sich nicht immer berauschend anfühlen werden. Und wenn Sie es nicht tun können, wenn es sich unangenehm anfühlt oder Sie sich ärgern, wird die Gewohnheit nicht bestehen bleiben. Genießen Sie also die Motivation, wenn Sie sie haben, aber machen Sie sich nicht abhängig von diesem Gefühl.

An manchen Tagen wird es einfach sein, und Sie werden positive Emotionen nutzen, um über sich hinauszuwachsen. Es wird auch oft passieren, dass die Euphorie gering ist und Sie Ihre Willenskraft und Selbstdisziplin aufbringen müssen, um den Prozess der Gewohnheitsbildung zu voranzutreiben. Aber wenn Sie lange genug durchhalten, kommt die Achterbahnfahrt schließlich zum Stillstand und Ihr neues Verhalten wird zur Gewohnheit und damit zu einem festen Bestandteil Ihres Lebens.

Aufgaben, die einst mentale Stärke erforderten, werden so normal und natürlich wie das Atmen.

Warten Sie nicht darauf, dass es sich „richtig anfühlt"

Es gibt eine sehr logische Erklärung dafür, warum es so schwierig ist, neue Gewohnheiten zu entwickeln und mit alten zu brechen.

Charles Duhigg, Autor von *„The Power of Habit" („Die Macht der Gewohnheit")*, erklärt, dass Gewohnheitsverhalten mit einer hohen Aktivität in einem Teil des Gehirns, den so genannten Basalganglien, korreliert - einem Bereich des Gehirns, der mit Emotionen, Mustern und Erinnerungen verbunden ist. Die Basalganglien sind völlig getrennt vom präfrontalen Cortex, in dem wir - wie Sie wahrscheinlich wissen - unsere Entscheidungen treffen. Das bedeutet, dass wir, wenn Verhaltensweisen zu Gewohnheiten werden, unsere Entscheidungsfähigkeiten nicht mehr einsetzen und stattdessen auf Autopilot funktionieren.

Was ist das Wichtigste, das Sie aus diesen Informationen lernen können? Wenn Sie versuchen, mit einer schlechten Angewohnheit zu brechen oder sich eine positive Angewohnheit anzueignen, werden Sie sich anfangs natürlich unwohl fühlen, weil Sie aktiv Entscheidungen über Ihr Verhalten treffen müssen. Ihr Gehirn ist bereits darauf programmiert, auf eine bestimmte Art und Weise zu funktionieren, daher wird es sich gegen die Veränderung sträuben und dafür sorgen, dass sich das neue Verhalten seltsam oder sogar beängstigend anfühlt.

Das Beste, was Sie tun können, um Ihr Verhalten erfolgreich umzuprogrammieren, ist, dieses unangenehme Gefühl zu akzeptieren. Es wird eine Weile dauern, bis sich Ihre neue Routine richtig oder natürlich anfühlt, also akzeptieren Sie es einfach und machen Sie weiter. Es ist ein bisschen so, als würden Sie zum ersten Mal eine Brille tragen. Anfangs fühlen Sie sich unwohl und sind sich des fremden Objekts auf Ihrer Nase übermäßig bewusst, aber mit zunehmender Dauer des Tragens gewöhnen Sie sich an dieses Gefühl, so dass Sie es früher oder später gar nicht mehr bemerken, wenn Sie die Brille aufhaben. Schließlich wird das von Ihnen gewünschte Verhalten in Ihren Basalganglien verdrahtet, und Sie können als eine verbesserte Version Ihrer selbst zum Autopiloten zurückkehren. Bevor das jedoch geschieht, erfolgt die Gewohnheitsbildung mit Gefühlen des Unbehagens und nicht mit Gefühlen der Aufregung und des Komforts.

Letztlich geht es bei der Bildung von Gewohnheiten und Selbstdisziplin um kleine Handlungen, die Sie über sechsundsechzig Tage hinweg ohne Rücksicht auf Ihren emotionalen Zustand durchziehen müssen. Welche Möglichkeiten gibt es, in sechsundsechzig Tagen oder weniger Gewohnheiten für Selbstdisziplin zu entwickeln?

Überlegen Sie außerdem, wie Sie aus kleinen Handlungen feste Gewohnheiten machen können, indem Sie sie langsam ausbauen. Sie könnten sich beispielsweise angewöhnen, Sport zu treiben, indem Sie zunächst eine Runde um den Häuserblock joggen und die Strecke jede Woche schrittweise erhöhen. Aus einer Runde werden zwei Runden, dann drei und so weiter. Versuchen Sie, alle Ihre Gewohnheiten auf diese Weise aufzubauen, indem Sie sich ständig zu etwas höheren, aber immer noch erreichbaren Zielen anspornen.

Nur wenige Dinge, die sich im Leben lohnen, sind leicht zu erreichen - das gilt auch für die Disziplin. Aber es gibt einen Grund, warum Sie schlechte Gewohnheiten ablegen und positive Gewohnheiten entwickeln wollen. Erkennen Sie an, dass es eine Menge harter Arbeit erfordert, und fangen Sie dann einfach an.

Das Modell der sechs Quellen des Einflusses

Joseph Grenny und sein Team von Mitarbeitern haben ein Modell entwickelt, das Ihnen helfen kann, Ihr Verhalten zu ändern und erfolgreich Gewohnheiten zu entwickeln - das Modell der sechs Quellen des Einflusses. Das Modell erklärt alle Faktoren, die uns beeinflussen, wenn wir versuchen, unser Verhalten zu ändern oder unsere Disziplin zu verbessern. Dies sind alle Hindernisse, denen Sie bei der Bildung von Gewohnheiten oder auch nur bei diszipliniertem Verhalten begegnen.

Im Folgenden finden Sie eine Aufschlüsselung der Einflüsse und Beispiele dafür, wie sie sich auf jemanden auswirken können, der versucht, eine Verhaltensänderung vorzunehmen, z. B. mit dem Rauchen aufzuhören:

- Individuell
  o Persönliche Motivation - Sind Sie motiviert, das Rauchen aufzugeben, um Ihre Gesundheit und Ihren Lebensstil zu verbessern? Was haben Sie davon und wie wird sich Ihr Leben verbessern?
  o Persönliche Fähigkeiten - Sind Sie persönlich in der Lage, das körperliche und geistige Suchtpotenzial des Rauchens zu überwinden? Verfügen Sie über genügend Willenskraft oder soziale Unterstützung? Gibt es eine familiäre Vorbelastung mit Sucht?
- Gesellschaft
  o Soziale Motivation - Haben Sie Freunde und Familie, die Sie ermutigen, mit dem Rauchen aufzuhören, und die es vermeiden, Ihnen Zigaretten anzubieten oder in Ihrer Nähe zu rauchen? Stehen Sie

unter sozialem Druck, mit dem Rauchen fortzufahren oder aufzuhören?

o Soziale Kompetenz - Kennen Sie jemanden, der bereits erfolgreich aufgehört hat, oder haben Sie Zugang zu Selbsthilfegruppen? Sind Ihre Freunde starke Raucher?

- Umwelt

o Strukturelle Motivation - Werden Sie in Ihrem alltäglichen Lebensumfeld für das Rauchen bestraft, z. B. durch Bußgelder für das Rauchen in geschlossenen Räumen?

o Strukturelle Fähigkeit - Haben Sie in Ihrem alltäglichen Lebensumfeld und -kontext Erinnerungshilfen eingebaut, um die Raucherentwöhnung zu fördern?

Lassen Sie uns einen noch genaueren Blick darauf werfen. Die erste Kategorie des Einflusses ist die individuelle - Sie - und basiert auf Ihrem persönlichen Antrieb und Ihren Fähigkeiten. Bei der persönlichen Motivation geht es einfach darum, wie sehr Sie etwas tun wollen, während sich die persönlichen Fähigkeiten darauf beziehen, ob Sie dazu in der Lage sind oder nicht.

Motivation ist flüchtig, aber man braucht sie, um erfolgreich zu sein. Deshalb kann man die Motivation steigern, indem man seine Handlungen so unterhaltsam und angenehm wie möglich gestaltet und gleichzeitig sicherstellt, dass man ein Ziel gewählt hat, das mit seinen Werten übereinstimmt. Gleichzeitig sind neue Gewohnheiten oft eine größere intellektuelle, körperliche und emotionale Herausforderung, als sie auf den ersten Blick erscheinen.

Nehmen wir zum Beispiel an, Sie wollen so fit werden wie nie zuvor. Sie sollten sich fragen, ob Ihr Wunsch, fitter zu werden, durch den Drang motiviert ist, in einer bestimmten Sportart besser zu werden, oder durch den Wunsch, Ihr Selbstvertrauen und Selbstwertgefühl zu verbessern. Wissen Sie, wie Sie sicher und effektiv trainieren können? Was ist mit gesunder Ernährung? Im Idealfall können Sie auf diese Fragen ehrliche Antworten geben, die zeigen, dass Ihr Ziel realistisch ist.

Wenn ja, ist die nächste Kategorie des Einflusses, die Sie in Betracht ziehen könnten, die Gesellschaft - die Menschen um Sie herum. Wie der individuelle Einfluss ist auch der gesellschaftliche Einfluss zum Teil Motivation und zum Teil Fähigkeit. Die soziale Motivation bezieht sich darauf, wie positiv oder negativ die Menschen um Sie herum Ihr Verhalten beeinflussen, und die soziale Fähigkeit bezieht sich darauf, wie viel Hilfe Sie haben, um positives Verhalten aufrechtzuerhalten, bis es zur Gewohnheit wird.

Im Idealfall unterstützen Ihre Freunde und Ihre Familie Sie, indem sie Sie zu gesundem Verhalten ermutigen und von negativen Handlungen abraten. Noch besser ist es, wenn sie zu Ihrem Erfolg beitragen, indem sie Ihnen die nötige Hilfe, Informationen und Ressourcen zur Verfügung stellen, um Sie beim Etablieren einer neuen Gewohnheit oder Fähigkeit zu unterstützen.

In Ihrem Bestreben, in die beste Form Ihres Lebens zu kommen, sollten Sie sich also fragen, ob die Menschen in Ihrem Umfeld Sie positiv bestärken, wenn es gut funktioniert, und Sie zur Verantwortung ziehen, wenn Sie das Training ausfallen lassen oder ungesund essen. Haben Sie einen persönlichen Trainer oder Coach, der Sie bei Ihrem Trainingsprogramm unterstützt, und ernährt sich Ihre Familie gemeinsam mit Ihnen gesund oder hält sie zumindest ungesunde Lebensmittel aus den Bereichen fern, in denen sie Sie in Versuchung führen könnten?

Und schließlich gibt es noch die Umwelt - alle nicht-menschlichen Faktoren, die Sie täglich umgeben. Der Einfluss der Umwelt kann als „Struktur" bezeichnet werden und wird auch in Motivation und Fähigkeit unterteilt. Strukturelle Motivation ist einfach die Art und Weise, wie Ihr Umfeld Sie zu richtigem Verhalten ermutigt, indem es Sie belohnt, wenn Sie sich gut verhalten, und Ihnen negative Konsequenzen auferlegt, wenn Sie Ihre Disziplin vernachlässigen. Strukturelle Fähigkeit bedeutet hingegen, ob Ihr Umfeld Sie mit Erinnerungen und Hinweisen unterstützt, damit Sie auf dem richtigen Weg bleiben oder nicht.

Haben Sie ein System entwickelt, mit dem Sie sich belohnen, wenn Sie sich an Ihre Diät und Ihr Trainingsprogramm halten, und mit dem Sie sich bestrafen, wenn Sie es nicht einhalten? Vielleicht können Sie Ihre Lieblingssendung im Fernsehen sehen, während Sie im Fitnessstudio auf dem Trainingsgerät sitzen, aber Sie dürfen sie nicht sehen, wenn Sie aus Faulheit ein Training verpassen. Sie können sich weiter dazu bringen, Ihre Fitnessziele zu erreichen, indem Sie eine Routine schaffen, um auf Kurs zu bleiben, z. B. indem Sie immer zur gleichen Zeit trainieren und auf Vorrat kochen, damit Sie gesundes Essen zubereiten können, wenn Sie keine Lust zum Kochen haben.

Es ist so üblich, Disziplin als schwarz und weiß zu betrachten - entweder man hat die Motivation und die Willenskraft oder man hat sie nicht. Aber Motivation und Willenskraft versagen immer dann, wenn Sie die anderen Aspekte Ihres Lebens nicht für Disziplin optimiert haben. In einem Vakuum kann alles funktionieren, aber nur sehr wenige Methoden zur Aufrechterhaltung der Selbstdisziplin halten einer Prüfung in der vielschichtigen realen Welt stand.

Sie müssen akzeptieren, dass Disziplin manchmal schwierig sein wird und sich vielleicht extrem seltsam anfühlt, aber das ist nur vorübergehend. Wenn Sie den Schmerz und das Unbehagen durchstehen, mit denen Sie unweigerlich konfrontiert werden, wenn Sie versuchen, Ihr Verhalten zu ändern, können Sie schlechte Gewohnheiten aufgeben und stattdessen bessere entwickeln. Wählen Sie erreichbare Ziele und erstellen Sie dann einen Aktionsplan, der auf Ihrer persönlichen Motivation und Ihren Fähigkeiten sowie denen Ihres sozialen Umfelds und Ihrer Umgebung basiert.

Aber am wichtigsten ist es, dass Sie einfach anfangen und nicht aufhören, sich anzustrengen, bis Disziplin so selbstverständlich ist wie das Atmen.

Fazit

- Motivation ist schön, wenn man sie hat. Sie ist jedoch oft emotional, vorübergehend und erschöpfbar. Die sich wiederholenden Handlungen, die erforderlich sind, um kontinuierlich auf ein Ziel hinzuarbeiten, zehren oft an der Motivation, und die so entstehende Langeweile führt dazu, dass die emotionale Bindung an die Vision bald abreißt. Wenn es darum geht, Selbstdisziplin aufrechtzuerhalten, reicht Motivation allein also nicht aus. Der Aufbau solider Gewohnheiten ist

unerlässlich, wenn Sie konsequent Selbstdisziplin üben und langfristig optimale Ergebnisse erzielen wollen.
- Es hat sich gezeigt, dass es etwa sechsundsechzig Tage dauert, bis sich eine Gewohnheit herausgebildet hat. Alles, was Sie also tun müssen, ist, sich für diesen Zeitraum zu kleinen Handlungen (Mini-Gewohnheiten) zu verpflichten. Machen Sie kleine Schritte, um die Gewohnheit der Selbstdisziplin in sich selbst zu integrieren. Dies verringert die wahrgenommene Schwierigkeit Ihres Vorhabens und sorgt dafür, dass Sie die Aufgabe für akzeptabel und erreichbar halten.
- Wenn Sie sich erst einmal Selbstdisziplin angewöhnt haben, werden Sie feststellen, dass die Entscheidung für Handlungen mit langfristigem Nutzen gegenüber sofortiger Befriedigung zu einer unbewussten, automatischen Reaktion Ihrerseits wird. Sie werden Ihre Willenskraft schonen, denn wenn Sie sich diese Gewohnheiten angeeignet haben, wird Selbstbeherrschung zur zweiten Natur und nicht zu einer riesigen Aufgabe.

- Denken Sie daran, dass sich der Aufbau positiver Gewohnheiten und die Abschaffung schlechter Gewohnheiten anfangs unangenehm anfühlen werden. Warten Sie also nicht darauf, dass es sich richtig anfühlt, bevor Sie die ersten Schritte unternehmen. Ihr Gehirn stellt sich auf eine neue Art und Weise ein, Dinge zu tun. Dass es sich anfangs unnatürlich oder falsch anfühlt, ist also eine zu erwartende Nebenwirkung bei der Bildung von Gewohnheiten.
- Wie erfolgreich Sie Ihre Gewohnheiten beibehalten können, hängt zum Teil von den sechs Einflussfaktoren von Joseph Grenny ab. Diese Faktoren, die die individuelle, die gesellschaftliche und die Umweltebene betreffen, sind (1) persönliche Motivation, (2) persönliche Fähigkeiten, (3) soziale Motivation, (4) soziale Fähigkeiten, (5) strukturelle Motivation und (6) strukturelle Fähigkeiten. Dies sind die Faktoren, die Sie berücksichtigen und steuern müssen, wenn Sie versuchen, Ihre Selbstdisziplin zu stärken und Ihr Verhalten zu ändern. Achten Sie darauf, dass Ihre Aktionspläne auf Ihrer persönlichen Motivation und Fähigkeit beruhen, aber

auch soziale und umweltbedingte Einflüsse berücksichtigen.

www.ingramcontent.com/pod-product-compliance
Lightning Source LLC
Chambersburg PA
CBHW011129070526
44583CB00023B/2958